相手を意のままに操る

# 禁断の心理術

心理の達人研究会編

彩図社

# はじめに

ビジネスでもプライベートでも、どうしても好きになれない人や、そりが合わないという人が、あなたの周りにも一人や二人いるのではないだろうか。

たとえば、酒を飲むと目がすわってきてつっかかってくる人や、電車の中や会社でムダに大きい声を出して話す人などだ。誰だってそんな人とは一緒にいたくないだろう。

そうかと思えば、いつもブツブツと独り言を言っていたり、何を聞いても「別に……」としか返さない人もいる。そんな人に出会ってしまったら、**どう対応したらいいものか誰だって悩んでしまうだろう。**

たいていの人は、苦手な相手とはできるだけ距離をとろうとするだろうが、それでは自分だけが気を使うことになる。そうすると損をした気分になってしまい、相手のことをますます嫌いになってしまうのだ。

そこで、そんな**苦手な人や困った人の心情を分析して、自分の意のままに操ってしまおう**というのが本書である。

あらためて勉強をしたり、特別な道具を使ったりする必要はない。どうにかしたいと思う相手を目の前にした時に言葉やしぐさをじっくりと観察して、アクションを起こすだけでいいのだ。

本音を明かさない人に「一般的にはどうなんだろう?」と探りを入れてみると、一般論を話しているはずの発言に、その人の本音が透けて見えることがある。

また、どうしても「イエス」と言わせたい時は、「どっちがいい?」と聞くだけで、相手の頭の中から〝頼みごとを断る〟という選択肢を消し去ることができる。あるいは、語尾に「～よね」をつけて親密さをアピールすれば、相手は「ノー」と言いにくくなるのである。

**ちょっとしたコツがあれば、人を自在に動かせる。**そのコツさえ知っていれば、たとえどんなに苦手なタイプと遭遇しても怖くないはずだ。

本書で紹介した方法は簡単にできるものばかりだから、ぜひ今日から実行してみてほしい。各章末には**心理テスト**もあるので、ゲーム感覚で楽しむこともできるだろう。

もちろん**悪用は厳禁**だが、これらのノウハウをいったいどんなシーンでどう使うのかは、あなたしだいである。

2015年1月

心理の達人研究会

## 1章 狙った相手をたらしこむ心理術

## 2章　クセやしぐさから相手の本性を見破る方法

相手も自分も丸裸にする 禁断の心理テスト 7～9

## 4章 その「ひと言」からわかる隠されたホンネ

## 相手も自分も丸裸にする　禁断の心理テスト　10〜12

## 5章 イヤな相手をコントロールする方法

## 6章 困った人の深層心理の読み方

## 相手も自分も丸裸にする　禁断の心理テスト　16～18

# 1章
# 狙った相手をたらしこむ心理術

# 予想を裏切る言葉を使えば相手はなびいてくる

【評価】
［効　力］★★★★
［禁断度］★★★

どんなにほめられても、言われ続けていたらうれしくも何ともなくなることがある。そのいい例が、美人に向かって言う「きれいですね」のひと言だ。本人にとっては、そんなことは百も承知で、今さら言われたところで「それが何か?」くらいにしか感じない。

また、仕事をそつなくこなす人に「仕事ができますね」というのも、本人にとっては当たり前すぎてうれしくも何ともない。**予想通りの言葉というのは、相手の心を動かさない**のである。

では、彼らのようなお高くとまった鼻持ちならない輩《やから》をなびかせるにはどうすればいいのか。それは予想を裏切る言葉を投げかけることだ。

たとえば、ちやほやされてきた美人に「キミはわがまますぎる」とひと言かけてみると、自分を叱ってくれる貴重な人だなと逆に信頼されたりする。また、仕事はできるが高飛車なタイプにも、「このままだと、おまえはうちの部では必要とされなくなる」などと、心配しているという気持ちを込めて苦言を呈すれば、態度を軟化させてすり寄ってくるようになるはずだ。

**相手の裏をかいて予測できない言葉を投げかける**ことができれば、もう自分の手の内に落ちたも同然だ。

Devil's psychology techniques

# 「レッテル」を貼れば相手の評価をコントロールできる

【評価】
［効　力］★★★
［禁断度］★★★★

仕事が遅くて何をやってもダメな同僚に対して、上司が「でも、あいつは誠実だし裏切らない」と言ったら、とたんに見方が変わったりすることがある。

このように人の心は、**誰かが貼ったレッテルで簡単に変化してしまう**のだ。

そこで、もし、あなたの身近にたいした仕事もしていないのに、要領がいいだけで実力以上の評価を得ている人がいたら、「あいつは本当は仕事をしていない」などと触れ回るよりも、**さりげなくレッテルを貼ってみればいい**。

「あいつは、ほんとに仕事ができますよね。同僚や後輩を馬車馬のように使いますから」と刷り込んでおけば、とたんに「人使いの荒い人」として認識されるようになるはずだ。

# 相談ごとは真に受けず同意するだけでいい

【評価】
［効　力］★★★★
［禁断度］★★

もしも誰かに「相談がある」と言われて誘い出されても、それがプライベートな内容だったら本気で相談にのることはない。仕事の「ホウ・レン・ソウ」と違って、個人的な相談は本人が悩みに悩み抜いてから話すのがふつうだからだ。

じつは、十分に悩んだうえで「相談があるのだけど」と持ちかけてくる時は、**本人の中ではもうすでに答えが出ている**のだ。

では、なぜ相談しようとするのかというと、**自分の決断にお墨つきが欲しい**からだ。

「自分は○○しようと思っているけど、どう思う?」と聞いてみて、「いいと思うけど」と言われれば背中を押されて一歩前に踏み出せる。その〝一歩〟のための相談なのである。

だから、**真に受けてあれこれアドバイスしたり、考えを改めるように説教をするのは無意味**である。ただ単に、相手の考えに同意してやるだけで「やっぱりあなたに相談してよかった」と満足してくれるものなのだ。

Devil's psychology techniques

# 似た者同士のふりをしてめざす相手に接近せよ

【評価】
［効　力］★★★★
［禁断度］★★★

この人と親しくなっておけばメリットは大きい――。そんなふうに目をつけている人がいたら、近づく前にまずはどんな人物なのかをしっかりと観察しておくことだ。

そして、どんなタイプなのかがわかったら、**とことんその人の真似をしてみる**のである。

たとえば、見るからに体育会系だったら先輩の言うことにはけっしてさからわないという態度を真似してみたり、いつもおしゃれに気を使っている人なら、自分も相手の好みに合うような服やメガネなどを身につけて、さりげなく近づくのである。

なぜなら、**似ている人同士は仲良くなりやすい**という**「類似性の法則」**があるからだ。

パッと見た印象が自分と似ていたら、何となく親しみが持てるし、親近感も湧いてくる。**最初からバリアが張られていない**ぶん、打ち解けやすいのである。

相手に「自分と似ている」と思わせれば、それだけでお近づきになれる確率は高まる。ただ、くれぐれもボロが出ないように、事前準備はしっかりしておくことだ。

# デキが悪い部下も持ち上げればやる気を出す

【評価】
［効　力］★★★
［禁断度］★★★★★

「コイツ、いつになったら仕事を覚えるんだ……」とイラついてしまう部下がいたとしても、それをけっして口に出してはいけない。なぜなら、**人は言われた通りにしかならない**からだ。

お前は覚えが悪いし要領も悪い、おまけに仕事も遅いと言われ続けていたら、それはいつしか本人の無意識のうちに刷り込まれていき、「仕事ができない役割」を演じるようになってしまう。

やはり、部下はほめなくては育たないのだ。

だからといって、とてもじゃないがほめられたものではない人に「お前は素晴らしい、よくやった」などとはウソでも言えないものだ。そこで、第三者に紹介する時などに期待を込めてこうほめておくのである。

「うちの新人の○○です。こう見えて、**けっこう見どころのあるヤツ**なんで、今後ともよろしくお願いいたします」

こう持ち上げれば、いつも叱られてばかりの部下でも、その期待に応える行動をとろうとするようになるだろう。

Devil's psychology techniques

# 本人を直接ほめるより人づてにほめまくれ

【評価】
［効　力］★★★
［禁断度］★★

「最近、がんばってるじゃないか」と課長から声をかけられるのと、「最近がんばってるって○○課長から聞いたよ」と部長から言われるのでは、後者のほうがうれしさが倍増するのではないだろうか。

なぜなら人づてにほめられると、**少なくとも2人からほめられたことになる**からだ。しかも、**もっと評価されたいと思うようになる**のである。

そこで、自分の部下にハッパをかけるなら、その部下と接触する機会の多い人物の前で「あいつはリーダーとして立派にチームをまとめられるはずだ」などとつぶやいておくのである。すると、その人は「○○さんが、おまえのことを『立派にチームをまとめられる』って言ってたよ」と伝えてくれるはずである。

# 相手を自分に酔わせたければ視点を一点に集中させろ

【評価】
［効　力］★★★★★
［禁断度］★★★

寺院で座禅を体験したことがある人ならおわかりだろうが、座禅の最中は目をキョロキョロさせたり完全に閉じるのはNGである。ではどうするかというと、半分ほど開けた状態の「半眼」がいいとされているのだ。

これには一点を見つめることで思考を停止し、雑念を払うという効果があるからだ。つまり、**視線を固定すると思考力が奪われる**のである。

これを応用して聞き手の心理をコントロールするのが、権力者のスピーチや実演販売などだ。話し手にスポットライトを当て、大声を出して呼び込むことで聴衆の視線と心をクギづけにし、一種の陶酔状態に陥らせてしまうのだ。

とりわけ、神経がより研ぎ澄まされる**暗闇ではこの効果が出やすい**。

たとえば、女性が夜のドライブで男性に口説き落とされやすいのは、単純にムードだけではなく、この効果が影響しているのである。

もしも、意を決してプロポーズをしたいなら昼より夜にすべきだ。そのほうが、少なからず成功率は上がるだろう。

# グチにつき合って相手の信頼を勝ち取れ

【評価】
【効　力】★★★★
【禁断度】★★★

「話し上手は聞き上手」というように、人の話に耳を傾けるのはコミュニケーションの基本だ。

しかし、ただウンウンと頷くだけでは「害のない人」で終わってしまう。そこで、もうワンランク上の評価を得るためには、その先の対応がポイントになる。

たとえば、得意先がふとした拍子に「最近、子どもの教育問題で揉めてて……」と、奥さんに対するグチを切り出してきたとしよう。

この場合、まずは口を挟まずに黙って聞いておく。そして「妻は進学塾に行かせたいの一点張りなんですが、私はスポーツもやらせてのびのび育てたいんです」などと続くようなら、このあたりで「わかりますよ。勉強がすべてじゃないですよね」と、**相手の話を一度肯定する**のだ。

こうすると、自分のグチに耳を傾けてくれて、しかも話をわかってくれる相手だと思い、その喜びはあなたに対する信頼へとグレードアップするのだ。

とどめに「じつは、うちも……」と、同じように悩んでいることをアピールできれば申し分ない。

相手は**同じ苦しみを共有してくれる仲間**として、今まで以上にあなたのことを信用してくれるに違いない。

# やっかいなことを押しつける前に親切心をアピールせよ

【評価】
【効　力】★★★
【禁断度】★★

もし、あなたの身近にピンチに立たされている人がいたら、それがたとえ嫌いな相手であったとしても手を貸してあげるといい。**「情けは人の為ならず」**というように、その親切心は必ず自分の利益になって返ってくるからだ。

人は自分の窮地を救ってもらえると、たとえそれがライバル関係になる相手でも安堵すると同時に深く感謝するものだ。

そこで、「いやあ、本当に助かった。ありがとうございます。あなたも困ったことがあれば**何でも言ってください**。力になりますよ」となるかもしれない。

このひと言をもらったらチャンスである。すかさず、「じゃあ、○○をお願いしてもいいかな」と、**面倒なことを押しつけてしまう**のだ。

たった今「力になりますよ」と言った手前、**相手は絶対に断れない**。深く感謝してしまったことを後悔しても、あとの祭りなのである。

だが、あまり頻繁にこの方法を使うと危険人物とみなされるので、扱いには細心の注意が必要である。

# 小さな恩を売って相手を味方につけろ

【評価】
［効　力］★★★
［禁断度］★★

デパ地下の試食は、食べたあとに何も買わずに立ち去るのが心苦しいから絶対にしないという人がいる。

これは、他人から受けた恩や借りなどはできるだけ返したいという**「返報性の法則」**と呼ばれる心理がそうさせているのだ。

ここでいう恩や借りは、けっしてたいそうなものではなく、**ちょっとした恩だからこそ「できれば返したい」「その恩に報いたい」と思ってしまう**のだ。

職場で自分の味方を増やしたい場合は、これを利用するといい。忙しそうな同僚に代わって弁当を買うとか、ミスした後輩にフォローの言葉をかけるとか、小さな恩を売っておくのである。そうすれば、自分がピンチになった時に力になってくれるに違いない。

# 盗み見で相手に取り入るネタを探れ

【評価】
［効　力］★★★★
［禁断度］★★★★★

仕事でもプライベートでもいいから「お近づきになりたい」という人がいたら、まずその人の持ち物や周辺にあるものをよく観察してみることだ。

といっても、どこのブランドのバッグを持っているとか、いくらくらいのスーツを着ているなど値踏みしたり、品定めするのではない。何気なく持っている物をチェックするのだ。

たとえば、デスクに無造作に置かれている映画の半券や、手帳にはさまっている店のクーポン券、チラシなどを見てみれば、**その人がどんなことに興味があるのか**をうかがい知ることができる。

それをさりげなくネタにしてみるのだ。

「そういえば、○○という映画、ご覧になりましたか？　私はぐずぐずしているうちに見逃してしまったんですよ」

「駅前にできたお店、知ってますか？　もう行きましたか？」

などと、その人がその映画や店に興味を持っていることなど**知らないフリをして話を振ってみる**のだ。すると、本人はそこまで自分の情報がチェックされているとは知らないので、ここぞとばかりに自分が持っている情報をネタにおしゃべりしてくれるだろう。

# やっかいな相手は「なるほど」のひと言で説き伏せろ

【評価】
［効　力］★★★
［禁断度］★★

クレーマーとまではいかなくても、世の中にはいろいろと注文をつけたり、意見をするのが好きな人がいる。

こういう人たちは、人の揚げ足をとるのもうまかったりするので、こちらの対応が少しでも悪ければとたんにモンスタークレーマーに大化けしてしまう可能性もある。

そうさせないためには、**常に誠意ある対応をしているという姿勢を見せつけなければならない**。そんな時に便利なのが、「なるほど」のひと言だ。

「なるほど、たしかにおっしゃる通りだと思います」、「なるほど、貴重なご意見をありがとうございます」というように、その都度「なるほど」から応えるのである。

この言葉には、**「きちんとあなたの意見を聞いていますよ」というニュアンスが込められる**ので、これだけで**懐の深さをアピールすることができる**。自分の言い分がきちんと相手に受け止められていると感じると、相手は攻撃的にはならないのだ。

ただし、あまりに話がしつこいからといって「なるほど、なるほど」をひたすら繰り返してしまうと、面倒臭そうなニュアンスを与えかねないので注意が必要だ。

# 自分から握手をするだけで相手の思考はフリーズする

【評価】
［効　力］★★★
［禁断度］★★★

魅力的な異性がそっと腕に触れてくる……。

こんな場面に出くわしたら、たいていはボーッとしてほかのことは考えられなくなってしまうのではないだろうか。

たしかに心の距離を縮めたい時のボディタッチは有効な方法のひとつだ。触れるという行為によって、その人の温かみや信頼感を伝えることができるからである。

それと同時に、ボディタッチにはもうひとつ重要なファクターもある。じつは**思考をフリーズさせてしまう**のだ。

たとえば、美女にカラダを触られながら食事に連れていってとねだられて拒否できる男性は少ないだろう。**フリーズ状態の人間の頭にはノーという言葉は浮かばない**のである。

つまり、相手をフリーズさせれば、その人はあなたの言葉に従いやすくなるのだ。

もっとも、現実的にはそれほど親しくない人にタッチするのは難しい。むやみに身体に触れられたら、不快感を覚える人も多いだろう。

しかし、握手なら話は別だ。握手を求められて拒む人はほとんどいないはずである。

欧米人と違ってこの習慣に慣れていない日本人は、握手を求められると内心では戸惑いを覚える。この時、思考のフリーズ状態が生まれるわけだ。

だが、じっと固まってしまい握り返さないのはどうにも不自然だ。そこで、その混乱した気持ちを立て直す余裕もないまま、握手に応えることになるのである。

つまり逆説的にいえば、**自分から手を差し出すだけで、相手を自分のペースに巻き込める**のである。

さらに、握手をしながら相手の目を見つめて話したり、もう片方の手を相手の手の上に添えるなどすると、主導権が自分にあることがより明確になる。

握手といえば友好的な挨拶だが、その裏で**不自然さを感じさせることなくプレッシャーをかける手段にもなりうる**のだ。

# 自分を売り込みたかったら飽きられるほど顔を出せ

【評価】
［効　力］★★★
［禁断度］★★

都市部の集合住宅に暮らしていると、他の部屋の住人の顔を知らないなんてことはさほど珍しいことではない。それでも万一の時のことを考えれば、お隣さんくらいは多少の面識があったほうが望ましいのも事実だ。

心理学的には、**顔を合わせる回数と親密度は比例する**。「遠くの親戚より近くの他人」ではないが、血のつながりがある間柄でも、顔を合わせなければ疎遠になってしまうのは当然のことだろう。したがって、ビジネスでお近づきになりたい相手がいたら何度でも顔を出すに限る。

もちろん、セールスの場合なら「あれ、また来たのか」などと嫌味交じりに声をかけられることもあるだろうが、顔を出さないライバルよりは確実に相手の印象に残る。

ただし、相手が異性の場合は、たとえ仕事とはいえ警戒心を持たれることがあるので、やや控えめにしたほうがいいだろう。

この心理法則においては、**嫌いな相手とは顔を合わせれば合わせるほど嫌いになる**という真逆のパターンもあるので、迷惑がられているなと気づいたらさっさと引くのが賢明だ。

# コトを有利に進めたいなら ホームグラウンドに引き込め

【評価】
［効　力］★★★★
［禁断度］★★

野球でもサッカーでもそうだが、敵地に乗り込んで戦うアウェーよりもホームグラウンドのほうが試合を有利に運べるというデータがある。

ホーム側のチームにしてみれば、試合の舞台はいつもの使い慣れた空間だが、それに対して相手チームにとっては〝お客さん〟になる。どんなにリラックスしようとしても、やはり**どこか緊張したまま試合にのぞむことになる。**すると、ふだん通りのパフォーマンスができなくなってしまうのである。

このような「ホームの利」はスポーツだけに限らない。ビジネスでも交渉事を有利に進めるためには、**相手を自分のホームに引き込めばいい**のだ。

特に、距離的に離れている取引先の場合は、自分の会社にご足労願おう。もちろん、わざわざ来ていただくのだからおもてなしも忘れてはいけない。

そうすれば相手はますます恐縮して、いつものペースを乱すことになる。そこを逃さず、地の利をもって攻めればいいのだ。きっと有利な条件を飲ませられるはずである。

# 深々とお辞儀をすれば相手は抵抗できなくなる

【評価】
［効　力］★★★★
［禁断度］★★

たまに老舗の高級旅館に泊まったりすると、あまりにお迎えが仰々しくて面喰らったりするものだ。

迎えのバスを降りたとたん、仲居さんから女将までスタッフ一同がズラリと玄関の両脇に並び、「いらっしゃいませ」と深々とお辞儀をして出迎えてくれる。

よほどの大会社の社長か、はたまたどこかのおエライさんでない限り、この状況に平常心でいるのは難しいかもしれない。

しかも、小者であればあるほど、自分がちょっとエラくなったような気分になって「いやいや、お迎えご苦労さま」とばかりに胸をそらせて歩いてみたりする。

**人は深々とお辞儀をされると、それだけで優越感に浸ってしまう**ものなのである。

だが、この優越感を逆手に取られると、とんでもないことになりかねない。

なぜなら、あまりにも丁寧なお辞儀で迎えられたら、どんなに慣れていない小心者でも、**とりあえずどっしりと構えてみせたくなる**からだ。

それが、たとえば大事な契約などの決断に迫られている時なら、「うん、うん」と言いながらそ

のまま相手の条件をのんでしまったりすることがある。

一度どっしりとした気分を味わってしまうと、相手の条件を変更しようとしたり、値切ったりすることに抵抗を感じてしまうからだ。

だから、もし相手の態度が不自然なほど丁寧だったら、もしかすると担がれているのではないかと疑ってかかるべきだろう。

だが、逆に**相手を適当にいい気分にさせておきたいなら、きっちりと丁寧にお辞儀をしておけばいい**ということになる。

特に、やたらと威張り散らしたがる面倒な人が相手なら、最初に腰を45度くらいに曲げて最敬礼しておけば勝手に優越感に浸ってくれるはずだ。

ムダなトラブルを避けるためにも、ここぞという時に奥の手として知っておいて損はないのである。

# オーバーアクションで会話のアドバンテージを取れ

【評価】
［効　力］★★★
［禁断度］★★

あなたの周囲に、話している時のアクションがびっくりするほど大きい人はいないだろうか。「こんな大きな犬に吠えられて」と言いながら両手を目いっぱい横に広げたり、「駅前に新しく店がオープンした」などと言ってはわざわざその方角を指さしたり、とにかく身振り手振りがオーバーな人だ。

人によってはウザいと思われてしまうタイプだが、**コミュニケーションスキル**という意味では逆に優秀だったりする。なぜなら、まったくアクションをしない人よりも、こういうタイプの人の話のほうが**相手に伝わる情報量が圧倒的に多い**からだ。

たとえば、言葉で「5センチメートルくらいの厚み」と表現するのと、親指と人差し指で「このくらいの厚み」と示すのとでは、どちらがわかりやすいかは一目瞭然だろう。

つまり、情報を伝えるにはアクションが必須だし、一度その雰囲気をつくれば相手はいやでも話に引き込まれるので、**会話のアドバンテージを取ることもできる**。

ちょっと不利な状況だが、どうにか勢いで相手を説得したい時など効果は絶大である。試す価値ありなのでぜひトライしてほしい。

# グチやほめ言葉からコンプレックスを見極めろ

【評価】
［効　力］★★★
［禁断度］★★

同僚との飲み会では、仕事の話に花が咲くことは珍しくない。ふだんは他人の噂話など下世話だと自重している人ほど、酒が入ると上司や同僚の悪口が止まらなくなったりする。

そんな時に、相手がふと「ああいうケチくさい男、嫌いなんだよなあ」と言ったとしよう。何気なく漏らしたこういうグチこそ聞き逃してはいけない。なぜなら、こうした発言には**本人も気づかない本音**が潜んでいるからだ。

人間は嫌いなタイプの人間を口にする時、そこに自分自身の嫌な部分投影しているパターンが多い。いわゆる**同属嫌悪**と呼ばれるもので、「ケチくさい男」が嫌いだと言った本人こそが、ケチくさい性格である可能性がかなり高いのだ。

逆に好きなタイプには、自分にないものを持った人を挙げたがる。たとえば「紳士的なふるまいをする人が好きだ」と言うなら、本人にはその要素がなく、憧れているふしがある。

もちろん、どちらの言い方も**本人のコンプレックスと無関係ではない**。ひと泡吹かせたい場面などでは役に立つかもしれないので覚えておいて損はないはずだ。

Devil's psychology techniques

# 自分の話に集中させるには相手の名前を挟み込め

【評価】
［効　力］★★★★
［禁断度］★★

パーティ会場や会合の席など、大勢の人がいる場所は話し声や物音であふれ返っているが、こういうところでじっくりと会話を交わすのは難しいものだ。知り合いに声をかけられたり、周囲の話が気になったりと、お互いに気が散るからだ。

そんな時には**「カクテルパーティ効果」**を利用するといい。

どんなに騒がしい場所でも、自分の名前を呼ばれれば気がつくし、気になる話題はなぜか耳に入ってくる。

もちろん、ほかの音も聞こえてはいるのだが、**人は無意識のうちに情報を選別している**のである。そして、関心がある情報だけが重要事項としてピックアップされるのだ。

とりわけ、人は自分の名前には敏感に反応する。だから、**話している最中にさりげなく相手の名前を挟み込むようにする**のである。

すると、ほかに気を取られることなく自分の会話に集中させることができるだろう。

Devil's psychology techniques

# 本音を聞き出す時はソファーに座らせろ

【評価】
［効　力］★★★
［禁断度］★★

部下が自分に打ち解けていないと感じたら、ちょっと飲みにでも誘ってみようかとなるものだが、この時に立ち飲みの店に誘うのではあまり意味がない。

なぜなら、**人は立って話をしたところであまり本音を漏らさない**からだ。

立った姿勢はやはり緊張を強いられる。特に、上司と一緒だとカウンターに頬杖をついたりもできないので、心底リラックスできないのである。

そこで部下の本音を聞き出したいなら、ゆったりと座れる店を選べばいい。それも、座り心地のいいソファーがあれば言うことなしだ。柔らかいソファーは最初こそ緊張しているものの、徐々に体の力が抜けてきて**緊張感がゆるんでしまう効果がある**のだ。

# 自分の味方を意中の席に座らせて会議の流れを引き寄せろ

【評価】
［効　力］★★★★
［禁断度］★★

会議には複数の人間が参加する。この時、誰がどこに座っているかをチェックしておくとけっこう役に立つことを知っているだろうか。

一見何気なく座っているように見えるが、**席の選び方にはそれぞれの心理が反映されてしまう**からである。

ここでは会議に使われるテーブルが長方形だと仮定して、まずはそこにどんな心理が潜んでいるかを見ておこう。

長方形の短い辺にはリーダーや議長が座ることが多いが、逆にリーダーが決まっているなら、それ以外の人はこの席を避けるはずだ。一方、長い辺の真ん中は積極的に発言をしたい人や、主導権を握りたい人が選ぶ傾向がある。

ちなみに、リーダーに近い席はリーダーを補佐する役目の人、あるいはリーダーに取り入りたい人が座ることが多い。

逆に、リーダーから遠い席はあまり積極的に参加したくない人や特に意見を持たない人などが座ることが多い。いずれにしろ、会議には関心の薄い人たちと考えていいだろう。

そこで自分の意見を通したいのなら、この席どりが重要になってくる。中央のポジションを獲得するのはもちろん、真正面に座る人物にも気をつけなければいけない。

じつは、**対立意見がある人は、あえて真向かいを選ぶ可能性が高い**からである。

だから、何としてもこの席には自分の味方となってくれる人にキープしてもらいたいところだ。

位置が少しずれることによってライバルの攻撃力は弱まるばかりか、自分の両隣が賛同者ならなお心強いだろう。

さらに、リーダーの対面も味方が占めていれば、もっと成功率は上がる。

ようするに、**テーブルのどの辺も中央は影響力が大きい**のである。

こうして四方八方から〝賛成〟の意見が出れば、会議の流れを自分のいいように引き寄せることができるだろう。

# まわりを敵に囲まれたら マンツーマンで切り崩せ

【評価】
［効　力］★★★★★
［禁断度］★★

多数派の意見を覆すのは難しいものだ。真っ向から勝負を挑んでも、握りつぶされてしまうのがオチだろう。こういう場合には、1人ずつ攻略していったほうがうまくいく場合がある。

多数派といっても、その中にはいろいろな人がいる。全面的に賛成ではないけれど「違う」とは言いづらいという気弱な人もいれば、右へならえをしておけばひとまず安心という人もいるのだ。なかには、よく考えもせず雰囲気にのまれて賛成してしまっただけの人もいるかもしれない。

つまり、**必ずしも一枚岩だとはいい切れない**のである。

集団になると、なかなか自分の意見は言い出しにくくなってしまう。ところが、**1対1で話せば本音を引き出しやすい**のだ。

すると、本当はこう考えていたとか、ここのところは賛成できないなどと、さまざまな意見が出てくる。個人的に話をすることで、自分は違う考えを持っていることを相手に気づかせるきっかけをつくるわけだ。

こうなったら、あとは簡単である。多数派にみえた人たちはすでに分裂しているのだから、たとえ反対意見を述べたとしても次々と賛同者が現れるだろう。

Devil's psychology techniques

# 反対意見を封じ込めるには「同調」テクニックを使え

【評価】
［効　力］★★★
［禁断度］★★

子どもは自分の欲しいものをねだる時、よく「このゲーム、友だちはみんな持っているんだよ」などという言い方をする。言われたほうにしてみれば、うちの子だけが仲間はずれにされるのではないかと不安になるので、思わず買い与えてしまう親もいるのではないだろうか。

これを子どもに甘いと決めつけるのは早計だ。なぜなら、**人は「みんな」とか「多数」といったフレーズに非常に弱い**からである。集団の中では異分子は嫌われるのが定説だ。だから、波風を立てたくなくて、つい多数派になびいてしまうものなのだ。このような行動を「同調」と呼ぶ。

この心理法則を利用すれば、対立する意見も簡単に封じ込めることができる。

たとえば、自分の出した案に反論しそうなライバルがいたとしよう。こういう場合は、**事前に根回しをして賛同者を集めておくといい**。会議の席でみんながいっせいに賛成したら、そのライバルも反対意見を出しづらくなるはずだ。多数派を味方につけておけば、**自分に刃向かう〝敵〟に強力なプレッシャーをかけられる**わけである。

ちなみに、根回しをする際には賛成してくれそうな人から優先して口説くといい。あの人もこの人も「賛成です」と伝えれば、いくら手強い相手でも落ちやすくなるだろう。

# 頼みごとをゴリ押しする時は秋晴れの日を選べ

【評価】
【効　力】★★★
【禁断度】★

難しいことだとわかっていても、どうしてもお願いしなければならないことはあるものだ。たとえば、シャイな親友に結婚式のスピーチをお願いするとか、休日に予定が入っていることを知っているのに同僚に休日出勤を代わってもらうなどである。

こういう場合には、とにかく手を合わせて「お願い、お願いします！」では、ソッポを向かれてしまう可能性が大きい。

じつは、ここぞという頼みごとをする時に重要になってくるのが**天気**である。しとしとと雨が続けば憂鬱になるし、青空がパーッと広がってくれれば爽快な気分になるように、**人間の心は天気に大きく左右される**のだ。

そこで、頼みごとを聞き入れてもらうには晴れた日を選べばいい。それも湿度が低く、カラッとした秋晴れの日がベストである。天気のいい日は誰もが気持ちが緩んでいるから、**ふだんは受けないような頼まれごとも安請け合いしてしまう**のだ。

相手がＯＫを出したらこっちのもの。あとから、なぜ引き受けてしまったのだろうと後悔しても「やっぱりやめとく」と言われないようにしっかりと念押しだけは忘れずに。

Devil's psychology techniques

# いい匂いで相手の気を緩ませろ

【評価】
［効　力］★★★
［禁断度］★★

人に頼みごとをする時に、迷ったことはないだろうか。できるだけ腰を低くしてお願いすればいいのか、それとも「お願いね」と軽く言ったほうが効果的なのか。あるいは差し入れでもすればいいのか……。

あれこれ戦略を考えるより、もっと簡単な方法がある。それは、〝いい匂い〟をかがせることである。

ハーブの香りにはイライラをおさえる作用があるように、淹れたてのコーヒーや、クッキーが焼ける匂いには**尖っていた気持ちを丸くする効果がある**。

いい匂いをかがせて、**相手がホッと一息ついたタイミング**で頼みごとをすれば、快くOKしてもらえる確率が高まるのである。

# 目当ての人が白い服を着ていたら千載一遇のチャンスだと思え

【評価】
［効　力］★★
［禁断度］★★

いつもはダーク調の服ばかりを好んで着ている人が、めずらしく白っぽい服装で現れたらズバリ、落とせるチャンスである。

寒色系の色に冷たさを感じ、暖色系には温かみを感じるように、**人の心理と色は密接に関係している**。アメリカのある大学で色の好みと性格を分析したところ、黒っぽい色を好む人は攻撃的で、逆に白っぽい色を好む人は従順な性格であるという結果も出たほどだ。

とはいえ、人の気持ちは揺れ動きやすいもの。いつもは黒っぽい服ばかりを着ている攻撃的な性格の人でも、時には白い服を着たくなる。

もし、デートの相手がめずらしく白い服を着ていたら、「今日はずいぶんとイメージが違うけど、どうしたの?」と聞いてみるといい。「今日は白を着たかったから」と返事を返されたら、**あなたに従いたいという気持ちの表れ**だ。このチャンスを逃さずにプロポーズなどをすれば、かなりの確率でOKの返事がもらえるかもしれない。

とはいえ、元来は攻撃的な性格であることには違いないので、その後の手綱さばきに慎重さが要求されるのは言うまでもない。

Devil's psychology techniques

# キャリアウーマンは〝女の部分〟を持ち上げろ

【評価】
［効　力］★★★
［禁断度］★★

そんじょそこらの男性社員よりも頭がキレて、オジサンたちの下品なジョークも軽くかわす、誰からも一目置かれているようなキャリアウーマンがもし上司だったら、何のとりえもない部下にとっては近寄りがたい存在であることには違いない。

そんな上司に対して、少しでも距離を縮めようとしてよくやってしまいがちなのが、バリバリと仕事をこなしている姿をみて「スゴイですね」などと言ってしまうことだ。

だが、彼女の仕事ぶりに感心したフリをしてみせてもムダである。そんなことは**本人が一番よくわかっている**からだ。

それよりも、仕事ができる女性の上司には〝女の部分〟を持ち上げるのが一番だ。

たとえば、「さすが、指先までお手入れが行き届いてますね」とネイルに感心したり、「そのバッグ、よくお似合いです」と、**最もお金がかかっていそうな部分**をほめそやしてみるといい。

自分が気に入っている部分をほめてもらってうれしくない女などいない。これができれば、よく気がつく部下だと何かと目をかけてくれるだろう。

# 「五感」をフル動員して相手を引きつけろ

【評価】
［効　力］★★★★
［禁断度］★★

ふだんは意識をしているわけではないが、われわれは常に**五感（視覚、聴覚、触覚、嗅覚、味覚）**を総動員して情報を取り込んでいる。

したがって、これらの五感に働きかける話し方をすれば、人は共感を得やすくなる。相手のイマジネーションをかきたてるため、内容がリアルに伝わるからだ。

とはいえ、どの感覚を最もよく使うかは人によって違ってくる。これを**「優先感覚」**と呼ぶのだが、だいたい思春期あたりまでで決まるといわれている。

ただ、あくまでも**相手の優先感覚にマッチしていないと、いくら力説しても話がかみ合わなくなってしまう**ので注意が必要だ。

たとえば、焼きたてのパンを表現する場合、それぞれのタイプではどうなるだろうか。

視覚タイプ……「こんがりとした焼き色がついている」
聴覚タイプ……「ちぎると皮がパリッと音がする」
触覚タイプ……「外はカリッと、中はふんわり」

嗅覚タイプ……「香ばしい香りが漂う」
味覚タイプ……「噛めば噛むほど甘みが感じられる」

同じパンでも、こんなふうにとらえ方が変わってくるのだ。日頃の会話に気をつけていると、どのタイプかわかることも多いはずだ。

色や形など目に見えるものを多く表現するような人であれば視覚タイプだし、音や声を重視していれば聴覚タイプである。

そこで、どれを優先しているかを見極めて、**その人に合った表現を選択するといい**。

もし、優先感覚がわからなかったり、大勢の人を前にする時には、これらの〝感覚〟をバランスよく取り混ぜて話すといいだろう。

# 不利な情報も出し方しだいで有利な情報に変わる

【評価】
［効　力］★★★★★
［禁断度］★★

スーパーマーケットの閉店時間が近づいてきて弁当が半額になっていたりすると、ここぞとばかりに買いに走る人は少なくない。これは、売れ残りだから安くしているという裏事情がひと目でわかるからだ。

では、セール期間というわけでもないのに、欲しかったブランド物の靴が半額になっていたらどうだろうか。この場合、すぐに飛びつくという人はかなり減るはずである。値引きの理由がわからないことで、**「偽物かもしれない」という疑念**が湧いてしまうからだ。

ところが、値札に堂々と「キズあり」などと書いてあれば、話は変わってくる。破格値の理由が「ワケあり品」であることがわかれば、手を出しやすくなるのだ。

**本人にとって不利であるはずの情報を開示されると、人はその対象に好感を持つようになる。**つまり、ワケありであることが情報開示されていると、半額というお得感に**安心感がプラス**され、一気に購買意欲が上がるのだ。

しかも、日本人は限定品に弱いといわれている。ワケあり品も言い換えれば〝限定品〟なので、つい反応してしまうのだ。

# 限定フレーズを使って購買意欲をかき立てろ

【評価】
［効　力］★★★
［禁断度］★★★

ふらりと立ち寄ったレストランが満席で入れなかった、たまたま通りかかった店を見ると「本日は完売」と書かれたスイーツを見つけた――。こんなことがあると、どうしてもそのレストランに行ってみたい、そのスイーツが食べてみたいと思うのではないだろうか。

じつは、希少性の高いものや手に入りにくいものはより魅力的に見えてしまい、欲求をかき立てられてしまうのだ。いわゆる、**ないものねだりの心理**である。

もし、客の購買意欲を刺激したいのなら、「今だけしか手に入らない」「限定○○個」「完売しました。入荷待ち」のような**限定するフレーズ**を使うといい。これらには、**それまでたいして関心を抱いていなかった商品を、何としても欲しい商品に変身させてしまう効果**が潜んでいるのだ。

これは仕事に限った話ではなく、恋愛にも応用できる。

恋人からデートに誘われたら嬉しいものだが、たまには仕事で忙しいから無理だと断ってみよう。すると、会えない時間があなたへの思いをいっそう強くしてくれるはずだ。

# 「セール」の3文字でお買い得感を出せ

【評価】
［効　力］★★★★
［禁断度］★★★

でかでかと「セール」の3文字が躍っていると、誰でもお得な買い物ができるに違いないと思ってしまうものだ。しかも、値札を見てみると定価が赤線で消されていて、割引価格が表示されていたりすると、思わず商品を手に取ってしまいたくなるだろう。

でも、本当にお買い得なのかどうかはわからない。もしかすると、もともと破格値で仕入れたところに正規の値段をつけていることもある。

でも、業界の人間ならともかく、そんな**店側の裏事情は客にはわからない**。とにかく、「セール」は人の購買意欲を刺激する言葉であることには違いない。

しかも、その**セールの理由がわかりやすいと、ますますお得感が増してしまう**ものだ。たとえば「決算大セール」だと、来期に在庫を残さないように売り尽くすのだなと想像できるし、「閉店セール」も在庫処分だとわかりやすい。

また、「ワケありセール」も実際にどこに〝ワケ〟があるのかを明示してあると、妙に納得してしまうものだ。

セールの理由をはっきり打ち出せば、それだけ多くのお客を呼び込むことができるのである。

# 売りたい商品にはランキングをつけろ

【評価】
［効　力］★★★
［禁断度］★★

店頭で**「今、売れてます！」**というポップを目にすると、なぜかその商品に興味が湧いてくることがある。

初めて見るものでも、まず「へえ、売れてるんだ」と急に関心が向き、次に「どんなものなんだろう」と内容が知りたくなり、「いったいいくらなんだろう？」と値段が気になる。そして、それが購入可能な金額だったら、ほとんど躊躇《ちゅうちょ》することなくサイフを開いてしまうだろう。

この「今、売れてます！」のひと言は、**購買行動のきっかけ**として立派に機能しているのである。

また、店内にある**ランキングの表示**にも同様の効果がある。もし売りたい商品があったら、ポップなどの販促物を最大限に利用したいものだ。

# ラストシーンを成功させれば好感度はグンと上がる

【評価】
【効　力】★★★★
【禁断度】★★

お気に入りの女の子とようやくデートにこぎつけたとする。

だが、予約していたおしゃれなレストランは評判のわりには味がイマイチで、彼女の好みに合わなかったらしくご機嫌を損ねてしまった。

それでもアテがはずれてがっかりする必要はない。その日のうちに挽回できる秘策がある。

人間には**「親近効果」**といって、それまでのプロセスとは関係なく**最後に抱いた印象がその後の判断に影響を与える**という心理がある。

このケースなら、デートの締めくくりにとっておきの夜景スポットにでも連れて行き、彼女の胸にささる言葉のひとつでもささやくだけでいい。

そうすれば、彼女の中には昼間にケチをつけた記憶よりも、きれいな夜景を眺めながら口説かれた記憶がより強く残る。当然、あなたへの好感度もアップするだろう。

**終わりよければすべてよし**。デートの計画を立てる場合は、ランチの店選びよりも締めくくりに手を抜かないのが鉄則だ。

# 釣った魚にエサをやる時はタイミングを見極めろ

【評価】
［効　力］★★★
［禁断度］★

手に入れるまではお金と愛情をつぎ込んで、あの手この手を尽くすが、自分のものになったとたんにパタッと手もお金もかけなくなる。狙った獲物は逃さない狩人のようなタイプには、釣った魚にはエサをやらない人が多いものだ。

だが、**もともとエサで釣ったところから関係がスタートしている**のだから、それがなくなれば2人の関係が悪化していくことは火を見るより明らかだ。

でも、だからといっていつもエサがたっぷりあると、いつしかありがたみもなくなっていくものである。

そんな、モノで愛情を測ろうとする相手を手なずけるには、**一度まったくプレゼントも何もない状態にリセットしてみる**ことだ。そうすれば相手の不満は高まり、それが爆発する寸前のところでもう一度お金と愛情を注ぎ込むのである。

一度、とことん空腹状態に陥るとひとかけらのせんべいでも心まで満たされるように、精神的な飢餓状態に陥った後のプレゼントは甘美である。

**エサやりはタイミングを見極めるのがポイント**なのである。

相手も自分も丸裸にする

# 禁断の心理テスト No.1

## Q. どんな握手をする?

A. 強く握りしめる

B. 両手で握手する

C. 上下に大きく動かす

D. 右手で握手し、左手は相手の肩や腕に置く

E. 指先を握る

**★診断★**

このテストでわかるのは…

## あの人の人柄

**……Aを選んだ人は……**

ライバル心や対抗意識が強い。

**……Bを選んだ人は……**

人づき合いがいい。

**……Cを選んだ人は……**

熱しやすく冷めやすい。

**……Dを選んだ人は……**

地位や名誉などに執着する。

**……Eを選んだ人は……**

配慮が行き届いて用心深い。

相手も自分も丸裸にする

# 禁断の心理テスト No.2

## Q.ステーキをナイフとフォークでどう食べる？

A．左端からひと口ずつ切って食べる（左利きの場合は右端から）

B．右端からひと口ずつ切って食べる（右利きの場合は左端から）

C．最初に全部ひと口大に切ってから食べる

D．真ん中から半分に切って、ひと口ずつ切って食べる

E．切り方、食べ方はいつも変わる

**★診断★**

このテストでわかるのは…

## あの人の対人能力

**……Aを選んだ人は……**

自分の考えを押しつけがちな常識人。

**……Bを選んだ人は……**

温和で思いやりがあり、周囲と調和するタイプ。

**……Cを選んだ人は……**

人の好き嫌いがはっきりしていて世話好き。

**……Dを選んだ人は……**

考えるよりも行動するタイプで社交的。

**……Eを選んだ人は……**

気分屋で自分本位なところがあり、人づき合いは下手。

相手も自分も丸裸にする

# 禁断の心理テスト No.3

## Q. 自宅が火事になったら何を持って逃げる？

A. サイフ
B. 時計
C. カップ麺
D. スーツ
E. アルバム

★診断★
このテストでわかるのは…

## あの人の「仕事力」

**……Aを選んだ人は……**

物ごと全体をとらえて冷静に行動する人。仕事力はかなり高い。

**……Bを選んだ人は……**

仕事に積極的で頭も切れる。仕事力は抜群。

**……Cを選んだ人は……**

陽気で面倒見がよく、仕事もそこそこできる。

**……Dを選んだ人は……**

責任感が強く真面目。仕事はできるがストレスで体を壊すタイプ。

**……Eを選んだ人は……**

ロマンチストで感受性豊か。クリエイティブな仕事で力を発揮する。

# 2章
# クセやしぐさから相手の本性を見破る方法

## 忙しい時に無関係のことを始める人はプライドの塊

【評価】
［効　力］★★★
［警戒度］★★★★

明らかに時間がなくて、どうあがいたところで締め切りに間に合いそうにない。そんな場合でも、ふつうの人ならせめて少しでも終わらせようと時間ぎりぎりまで必死になって踏ん張るものだ。ところが、なかにはそんな努力をいっさい放棄したかのように、まったく関係のないことをし始める人がいる。いきなり机の引き出しの中を片づけ始めたり、本棚にあるマンガを読み始めたり……。

このような、他人からみればワケのわからない行動に出る人はじつは**プライドの塊**だ。そうやって今すべきことではないことに没頭すると、いざ間に合わなかった時に「いやー、片づけ出したらなんだか止まらなくなっちゃってー」と言い訳ができる。つまり、仕事が期限までにできなかったのは、**自分の能力が劣っているからではないとアピールすることができる**わけだ。ここに、プライドが高すぎる人ゆえの奇妙な論理が成立するのである。

このタイプは、最後まで全力を尽くせなどと人の前で責められると、プライドが傷ついたと受け取って面倒なことを言い出しかねない。あえて注意するなら、人気のないところを選んだほうがいいだろう。

Devil's psychology techniques

# 注文のしかたを見れば その人の順応性がみえる

【評価】
［効　力］★★★★
［警戒度］★★

数人でレストランで食事をする時には、誰がどのメニューをいつ注文したかということを観察してほしい。というのも、どんな注文をしたかによって、その人の周囲への順応性がわかるからだ。

最も順応性が高い人は、みんなが頼んだメニューの中で一番多いものに合わせる人である。「自分だけ違ったメニューを頼んで浮いたら嫌だ」と思っているから、他の人が頼み終わってから最後に注文する。**順応性は高いが決断力がなく、意思表示をはっきりしない**のだ。

一方で、周りの人が何を選ぼうがお構いなしに自分の食べたいものを注文する人は、順応性が低い人だ。マイペースで、こうと思ったら自分の意見を曲げないから、集団の中では**浮いた存在になることも多い**。

# まばたきの回数で相手の心の揺れ具合がわかる

【評価】
［効　力］★★★★
［警戒度］★★★

ふつうの人は1分間に20数回程度、まばたきをしている。無意識にやっているので本人ですらほとんど気づかないが、じつはまばたきで相手の心理状態を読むことも可能だ。

たとえば、ときおり平均値をはるかに超えてパチパチとせわしなくまばたきをする人がいるが、まばたきの回数が多い人は緊張しているとみていい。

自分のほうが弱い立場だと感じている、隠しごとがある、触れられたくない話題が出てしまったなど、とにかく居心地の悪い思いを抱えていて、**内心では動揺している**のだ。

このような時は一気に攻め込むチャンスのようにも見えるが、そうとばかりは言い切れない。

相手が気弱なタイプなら、グイグイ押しまくることもできるだろう。しかし、緊張が高まったせいで攻撃的になる人もいる。そういう人に対して強気に出たらけんかになってしまいかねない。

逆に、自分が緊張していることを悟られたくない場合は**しっかりと目を見開き、まばたきの回数を減らすように心がける**といいだろう。

Devil's psychology techniques

# 足の向きを見れば自分に対する好感度がわかる

【評価】
［効　力］★★★
［警戒度］★★★

言葉や表情は取り繕うことができるが、足には本音が現れやすい。座っている相手のひざやつま先が自分のほうを向いていたら、好意を感じていたり、話の内容に関心を持っていると判断していい。

**人は好意を持っている相手には自然と足が向いてしまう**のだ。

一方、**足が別の方向を向いていれば、心を開いていないことになる。**嫌っているほどではないにしても、興味の対象は別のところにあるはずだ。

また、つま先が出口を指していたなら、内心ではさっさと帰りたいと思っているのかもしれない。

こういう場合は話題を変えるなり、話を切り上げるなりしたほうがいいだろう。

# 指先を見れば ウソをついているかどうかがわかる

【評価】
［効　力］★★★
［警戒度］★★★

態度や口調はやけに自信ありげなのに、よく見てみると指先だけが落ち着きなく動いている。しかも大口をたたいている人がそんな調子だったら、どこか奇妙な感じがしないだろうか。どんなに口先だけで余裕を見せていたとしても、指の動きは心を表す。じつはその人は、**心の中では不安と闘っている**のである。

たとえば、新商品や新しいサービスの説明をしながら指で小刻みにテーブルを叩いていたり、両手の指を小さくこすり合わせたりしていたら、**話のどこかにウソが混じっている可能性がある**。

もしバレたらどうしよう、指摘されたらどう繕えばいいのか……などと、一抹の不安が生じてくるものだから、無意識に指が動いてしまうのである。

特に、ひとしきり説明し終わったあとに、「いかがですか」と聞きながら指が動いていたらかなり怪しいと思っていい。そんな時は〝マユツバ〟だと思ったほうが安全である。

Devil's psychology techniques

# モノをいじるクセがある人は あまのじゃく

【評価】
［効　力］★★★
［警戒度］★★★★

人の話を聞きながらスマホをいじっていたり、テーブルの上にあるものを触ったり、おしぼりでしきりにテーブルを拭いてみたり……。

このようにやたらとモノをいじるクセがある人に、たとえば「じゃあ、今からカラオケに行こうか！」と誘ってみると、どのような反応を見せるだろうか。

間違っても「いいね！」などのノリのいい返事が返ってくることを期待してはいけない。なぜなら、モノをいじるクセがある人には**あまのじゃくな性格が多い**からだ。

人の提案に素直に賛成しないで、とりあえず「えー」などといって気のない態度を見せる。しかし、本気で反対しているわけではないので、「じゃあ、カラオケとボーリング、どっちがいい？」などと聞いてみると、「だったら、カラオケでいいや」ということになるのだ。

ようするに、**素直に乗るのは自尊心が許さないが、自分が選択したのならOK**ということだ。多少面倒なタイプではあるが、聞き方を変えるだけで意のままに動かすことができるタイプでもある。

# 会社に戻るとすぐにベルトを緩める社員は意外とヤリ手

【評価】
［効　力］★★★
［警戒度］★★

出先から戻ってカバンを置くなり、カチャカチャとズボンのベルトを緩めて、思いっきりイスの背もたれに寄りかかって休憩している部下がいたとしても、「だらしがない！」などと怒ってはいけない。

会社の中で人目を気にせずに思いきりリラックスできるこういうタイプは、じつは**かなりヤリ手だったりする**からだ。

なにしろ、まるで我が家に帰ってきたかのようにふるまえるということは、それだけ**会社に愛着があるという証拠**だ。会社はまさに自分の生活の一部で、だからこそ公私を区別することなく尽くそうとするのである。

しかも、社に戻るまでは内と外を使い分けて、外にいる時はパリッとしているので営業先でもウケがいい。

こんな社員には細かいことを言わずに、**好きなようにやらせておくといい**。思わぬ戦力になってくれるに違いないだろう。

Devil's psychology techniques

# 表現が大げさすぎる人は独りよがりの独善家

【評価】
［効　力］★★★
［警戒度］★★★★

スポーツの実況中継などで、実況中のアナウンサーが感極まって泣き出したり、絶叫するのを聞いたことがあるだろう。一見、熱血漢で人間味あふれているようにも思えるが、たいていの場合、表現がオーバーなだけで語っている内容はたいしたことがなかったり、大げさすぎて現実とはかけ離れていることが多い。

つまり、その場の雰囲気に流されて、**自分の感情をコントロールできない**だけなのだ。

しかも、自分の表現にも酔っているため、周りの反応を見る余裕もない。**独りよがりで自分の都合を最優先するタイプ**でもある。流されやすい分、ノリがいいという点は利用価値があるのだが、心から信頼できるかというと疑問符がつくことを覚えておきたい。

Devil's psychology techniques

# ガン見する相手の口元を見れば敵か味方かがわかる

【評価】
［効　力］★★★★
［警戒度］★★★★

異性と向かい合わせで話している最中、相手がジッと自分の目を見て離さなかったら思わずドギマギしてしまうものだ。

「もしかしてこの人、自分のことが好きなんだろうか」と思い込んでしまってもしかたないだろう。

だが、じつは相手の目を見るというのには2つの意味がある。

ひとつは、**その人に興味があるという場合**だ。

たとえば、「この人はどんな人なんだろう」、あるいは「この人をもっと知りたい」と思う気持ちがあると、相手のことをジッと見つめてしまう。

〝目は口ほどにものを言う〟というように、**目の動きや表情から、その人の心の内を知ろうとする**からだ。この場合は、おおむね好感を持たれているといっていい。

そしてもうひとつ、**敵意を持っている相手の目を見る場合**もある。

「この人には負けたくない」といった**強いライバル心を内に秘めている**時などにも、ガンガン視線を送ってきたりする。

いわゆる〝ガン見〟というやつである。

ちなみに、この人が送ってくる視線は好意なのか敵意なのかがわからないという時は、相手の口元を見ればいい。

こちらの視線をしっかりととらえつつ、口元がキュッと引き締まっていれば間違いなくそれは敵意だ。目をそらさずに相手を見つめ、動揺させることで優位に立とうとしている証拠である。

こういう相手には、こっちも負けずに目を見つめ返し、逆に**ミスを誘ってやるくらいの迫力で対峙するといい**。

だが、逆に視線を合わせたにもかかわらず口元の筋肉がゆるんでいたり、鼻の下まで伸ばしているようなら好意を持たれているとみて間違いない。

相手との距離をどう測るかは、あなたしだいである。

# 昔の自慢話をするのは現実逃避をしたいから

【評価】
［効　力］★★★
［警戒度］★★

「俺が若い頃は大変だった」などと、昔話をくどくどと語る上司は煙たがられるものだ。何度も聞いたよ、などと思いながら聞き流している人が多いのではないだろうか。

昔の苦労話や自慢話が**一種の現実逃避**であるのは明らかなのだが、当人もそれは十分にわかっている。それでも昔話をせずにいられないのは、それだけ**今の自分に自信がない**ということになる。

昔の手柄話をするのは、**過去の実績を話すことによって少しでも現在の自分をよく見せようとしている**からだ。また、それでも苦労話をやめないのは、過去の自分と比べることで現状を肯定しようとしている心理の表れでもある。

たしかに何度も聞いた話につき合うのはうっとうしいものだが、考えてみればそのことを話すだけで自信を取り戻せるというのは都合のいい方法でもある。

「年寄りの言うことと牛の鞦《しりがい》は外れない」ではないが、邪魔者扱いをせずにたまには腰を据えて聞いてみるのもいいかもしれない。

Devil's psychology techniques

# 足を大きく開く人は自分を大きく見せようとしている

【評価】
［効　力］★★★★★
［禁断度］★★★★

満員電車で平気で大股を広げて座っている人がいても、「迷惑です！」とはなかなか言えないものだ。これは、それだけで〝デカい態度〟をとる威圧的な人に見えるからだ。

実際、足を広げて座っている人は、自分を大きく見せたいと思っている。中身はともかく、見た目だけでも大きく見せて圧迫感を与えたいのだ。つまり、**人を見下したいという願望がある**のだ。

このような気持ちを持つこと自体、根は弱いほうなのだが、これは逆に利用することもできる。**嫌いな相手や負けたくない相手と対面する時には、思いっきり足を広げて座ってみる**のだ。そうすれば、おとなしくひざを揃えて座っているよりも断然強そうに見える。それだけでナメてかかられることはなくなるはずだ。

# 腰が落ち着かないのは「もう帰りたい」サイン

【評価】
［効　力］★★★★
［警戒度］★★★

「まだ時間、大丈夫ですから」と言いつつ、おしりがモゾモゾ、しきりに上半身が左右に揺れている人がいたら、それはもう帰りたがっている証拠である。

体が左右に揺れているのは、もちろん体重を移動させているからだが、帰りたいのに帰れないと人はそわそわして**頻繁に体重移動をする**。しかも、目線がちらちらと部屋の入口のほうにいっていたら、間違いないとみていい。

たとえ本当に時間があったとしても、**一刻もその場を離れたいと思っている場合は、体重移動はますます激しくなる**。座っていても足がだんだんと入口を向くようになり、ひどい時は話をしている最中なのにおしりを半分浮かしていることもある。

そんな〝サイン〟が見えたら、長々と話をせずに一刻も早く解放してあげることだ。

そうでないと、「この人のところへ来るのはもうこりごり」とばかりに、その後は時間があろうとなかろうと来たとたんに帰りたいサインを発してくるようになるだろう。

# 身体を近づけてくる人は下心がある

【評価】
【効　力】★★
【警戒度】★★★★

たとえば電車に乗っていて、座席が空いているにもかかわらず、他の乗客がすぐ隣に座ってくると何となく不快に感じないだろうか。

これは**パーソナルスペース**を侵害されるためである。パーソナルスペースとは他人が踏み込んでくると不快に感じる範囲を意味し、相手との関係性でその広さは変わってくる。

**親しい間柄ほどパーソナルスペースは狭くなる**。50センチ以下でもＯＫなら、かなり心を許し合っている相手だ。

この心理を逆手にとったような話だが、じつは**相手との距離が近いほうが頼みごとを受け入れてもらいやすくなる**。接近した分、親近感を演出することができるからで、店員が客のそばに寄ってきて声をかけるのも、そうした効果を狙っているのである。

そこで注意したいのが、**意識的に身を寄せてくる相手**だ。あなたに何かを聞き入れてほしいという**下心**があるかもしれないので、そんな時は、冷静に対処することが肝心である。

ちなみに、何の意図も持っていなくても、パーソナルスペースを無視してずかずか入り込んでくるタイプもいる。こういう鈍感な人からは、さりげなく距離をとるようにしよう。

# 叱られた時の反応で その人の本性がわかる

【評価】
［効　力］★★★★★
［警戒度］★★

部下を持てば、叱りつけなければならないこともあるだろう。そんな時には部下の反応をよく観察しておくといい。**精神的なストレス状態に置かれると人は本性を見せる**からだ。

叱られた時の反応はだいたい4タイプに分類できる。

・すぐに謝る
・言い訳をする
・他人のせいにする
・反論する

すぐに謝罪する人は謙虚で素直なように見える。だが見ようによっては、とりあえず謝っておけばやり過ごせると考えるタイプは頼りにならない。

あるいは、頭だけは下げるものの、**内心では不満をくすぶらせている**可能性もあるが、謝った

あとにフォローをする姿勢を見せるなら信頼しても大丈夫だろう。

また、下手な言い訳をして逃れようとするのは、**精神的に未熟で自分勝手な性質の人**だ。何を任せても投げ出してしまう危険も大きい。

一方、トラブルを他人のせいにするタイプは**責任感に乏しい**といえる。厳しく叱責すれば逆ギレするかもしれないし、放り出せば許されたのだと勘違いしてしまう。ここはしばらくなりゆきを見守りながら、部下が自分の責任と向き合うまで待つのが得策だ。

最後の反論するタイプだが、こうした輩は**頑固者で扱いにくい**こともある。しかし、筋道の通った反論ができるならむしろ気骨があるので、意外と使える人材かもしれないのがこのタイプだ。

叱るという行為は、**相手の深層心理を知る格好の機会**ともいえるのである。

# 部下の立ち位置で上司への敬意がわかる

【評価】
［効　力］★★★
［警戒度］★★★

自分が人の上に立ってみて初めてわかることはいろいろあるが、難しいのはやはり部下との関係だ。特に飲みュニケーションすら嫌うという近頃の若い人に、上司としてきちんと信頼を得られているかどうかは誰でも気になるところである。

それを知りたいなら、会話をする時の部下の立ち位置に注目してみよう。**自分と部下の間にできる距離感は、そのまま親近感に比例する**と考えていい。

たとえば、すれ違いざまに「おう」と声をかけただけなのに、あからさまにパッと後ずさりされたり、目を伏せて視線を合わせないようなら、その部下は親近感どころか嫌悪感すら抱いているふしがある。

近寄りがたいほど尊敬しているという正反対の場合も考えられなくはないが、そこは**表情によそよそしさを感じるか、緊張を感じるか**で判断がつくはずだ。

「おう」という上司の声かけに、チャラさ全開で「チーッス」などと返してくる部下がいたらそれはそれで論外だが、円滑に仕事をするうえでは、むしろ拒絶反応を示してくる部下のほうがやっかいかもしれない。

Devil's psychology techniques

# 自分のデスクに部下を呼びつける上司は相手を服従させたがっている

【評価】
［効　力］★★★
［警戒度］★★★

仕事をするうえで上司との相性は気になるところだが、上司だからといって必ずしもデキた人間とは限らない。相手しだいということもあるが、先回りして対応したほうが円満な関係性を築ける場合もある。

たとえば、部下に指示を出す時に「おーい、ちょっと来てくれ」などと、わざわざ自分のデスクまで呼びつける上司には慎重に対応したほうがいい。

自分はいっさい動かずに部下を鼻先で動かすのは、**自分のほうが立場が上であることを周囲にアピールしたい**からだ。さらに、その指示を周囲に聞こえるほど大声で出すようなら、その傾向は顕著である。

この手の上司はひと言でいえば**権威的**で、部下を自分の思い通りに動かせるものだと勘違いしている。内心は小心者であることも多いのだが、その気弱さの裏返しか、**立場を利用して人事に口を出すようなことも平気でやる**のもこのタイプだ。

多少なりとも出世を望むなら、面倒でも立てておいたほうが無難かもしれない。

Devil's psychology techniques

# テーブルにつく時にどの角度に座るかで人間関係がわかる

【評価】
［効　力］★★★
［警戒度］★★★★

会議などで複数の人間がひとつのテーブルにつく場合、ソリが合わなかったり苦手な人からはなるべく離れた席に座ったりしないだろうか。

じつは、どの席を選ぶかは**相手の心理を探る手がかりになる**のだ。

たとえば、自分は長方形のテーブルの一辺の隅に座っているとしよう。あなたのほかにテーブルについている人はいないと仮定する。

まず、角を挟んでお互いに90度になる席は、非常にリラックスして話がしやすい位置だ。ここを選んだ人は友好的な人物だと考えていい。一緒に仕事をするとしても快く協力してくれるはずである。

また、同じ辺の並んだ席は視線を合わせなくてすむため、緊張感が生まれにくい。俗に〝恋人ポジション〟とも呼ばれる場所だ。距離的にも親密度が高く、あなたに好意を抱いているとみて間違いないだろう。あるいは、何か相談がある人も、この席を選ぶことが多い。

一方、正面の席はオーソドックスなポジションに見えるが、互いに視線を合わせることになり緊張感が最も高まる。

なかには真面目に話し合いたいという人もいるが、あなたと対立意見を持っている人もここを選ぶ傾向があるので要注意だ。

意見を戦わせたくないのなら、さりげなく席を移って視線がぶつからないようにするのもいいかもしれない。

そして、当たり前だが同じ側でも反対側で、しかも離れた席は会話には向いていない。

ここに座る人はあなたに関心を持っていないか、避けたいと考えている。あまりちょっかいを出さないほうが無難だろう。

こんなふうに観察してみると、**微妙な人間関係が透けて見えるかもしれない。**

ちなみに、相手の利き手側の90度の位置に座ると、警戒心を抱かれずに打ち解けて話ができる。また、右のポジションを確保すれば、こちらがリーダーシップを発揮しやすいといわれている。

# 「空メール」に返信がなければどうでもいい相手と思われている

【評価】
［効　力］★★★
［警戒度］★★★

いつも愛想がよくて親切なのだが、どこかわざとらしいというか、信用しきれない人はいるものだ。裏表がはっきりしているものの、**本音が見えないタイプ**である。

親切にしてくれる人に不信感を抱くというのも後ろめたいものだが、かといってどうしても疑念が晴れない時には、空メールを送って相手の真意を確かめてみるといい。

もし、知り合いから自分に空メールが届いたら、どんな反応をするだろうか。それが仲のいい人や気になる相手だったら、ただの誤送信かなと思いつつも「空メールが届きましたが」などと返信してみるのではないだろうか。

逆に、苦手な人やどうでもいい相手だったら、わざわざ返信せずに放っておくだろう。

そこで、こう判断してもらいたい。

空メールを送ってみて何の反応もなかったら、ふだんはどんなに親切にされていても、**どうでもいい相手と見られている可能性が大きい**。それがわかれば、どうつき合えばいいのか迷うことはなくなるだろう。

# 薄毛や白髪の対処法で その人の性格がわかる

【評価】
【効　力】★★★
【警戒度】★★

歳をとるごとに気になってくることのひとつに、髪の毛の問題がある。男性なら脱毛や薄毛、女性では白髪が気になるという人もいるだろうが、こうした頭髪の問題の対処のしかたによっても、**その人の性格や生き方がわかってくる**。

まず、薄毛や白髪を隠さずにありのままの自分を見せている人は、順応性が高く、**何ごとも自然の流れの中で受け止めていける人**である。今の自分の人生にもある程度満足しているし、飾り気がなく、ざっくばらんだから周囲からも慕われたりする。

その反対に、白髪を不自然に真っ黒に染めたり、カツラや髪型でどうにか薄毛をごまかそうとしている人は、**やや見栄っ張りの傾向がある**。周囲から自分はどう見えるのかが常に気になり、年齢に逆らってでも若々しい自分を保ちたいのだ。このタイプは上昇志向が高いから、いくつになっても新たな趣味や仕事にチャレンジし続ける人も多い。

また、どうせ薄くなってきたのならと開き直って髪の毛をすべて剃ってしまう人や、白髪をピンクや紫などに染めてしまう人は、**前向きで社交的な人**だ。自分の薄毛や白髪を自虐的なジョークで笑い飛ばせるくらいの明るさがあるのも、このタイプである。

# 人柄で判断する人は道に外れたことが嫌いなタイプ

Devil's psychology techniques

【評価】
［効　力］★★★
［警戒度］★★★

大きな決断をしなければならない時に、何を基準にして物ごとを決めるかは人それぞれだ。値段や効率を基準にする人もいれば、見栄を優先させる人もいる。

そんななかで、「彼の人柄を信じて任せた」とか「あの社長は人としてどうかと思う。だから、あの会社のモノは買わない」などと、人柄を基準にして意思決定をする人は、**人間関係を重視するタイプ**である。

相手の情の深さや優しさ、責任感の強さなどを重く見る傾向があり、自分自身も周囲から一目置かれる人格者でありたいと**日頃から努力している人が多い**。周囲から頼りにされれば、率先して何でもやってくれるありがたい存在でもある。

しかし、判断基準が人柄なだけに、この基準から外れるようなことをしてしまうと大変だ。

いったん「人として許せない」と思われてしまうと、**なかなか許してもらえない**ことにもなりかねないから要注意である。

# 部屋の中で帽子をとらない人はファッションにこだわりがある

【評価】
［効　力］★★★
［警戒度］★★

トレードマークというくらい、常に帽子をかぶっている人はいるものだ。帽子を室内でかぶるのは意味がないように思えるが、なぜとらないのか。じつは、そこには〝**バランス**〟**へのこだわり**があるのだ。

その人のファッションは帽子まで含めてトータルで完成されていて、**帽子をとってしまうと全体のバランスが崩れてしまう**。ただそれだけのために、友人の部屋でも居酒屋で飲んでいる間でも帽子をかぶっているのである。

正直、靴を脱いでいる時点ですでにバランスは崩れているのだが、そのあたりまではあまり気にならないようだ。

マナーに厳しい人なら「室内では帽子をとれ」と言いたくなるかもしれないが、本人のこだわりどころなので、よほどの改まった席ではない限り**好きにさせておけばいい**。

Devil's psychology techniques

# 初めて行く場所での反応で楽天的か悲観的かがわかる

【評価】
［効　力］★★
［警戒度］★★★

何かを提案する時などに、相手が楽天的なタイプなのか悲観的なタイプなのかということがあらかじめわかっているとやりやすいものだ。しかし、それはいったいどこでどう見分ければいいのだろうか。

じつは、こういう時は**初めて行く場所での反応**や、**初対面の人へのリアクション**を観察してみるとわかりやすい。楽天的な人は行く前から「早く行ってみたい！」とか「会うのが楽しみ！」などと、前向きになる。たとえ、初めての場所で道に迷っても**「なんとかなるさ」**と気楽に構えられるし、初対面の人とは仲良くなろうと積極的に努力する。

一方で、悲観的な人は「目的地まで辿り着けるか不安」とか「苦手なタイプの人だったら嫌だな」などと、不安や心配を口走ることが多い。どこかへ出かけても**次から次へと不安要素が浮かんでくる**し、初対面の人にもすぐに打ち解けることはない。

こうして相手のことがわかったら、あとは**タイプ別に対応**すればいい。楽天的な人にはポジティブな面を強調して提案をすれば乗ってきやすいし、悲観的な人には不安要素を取り除くためにリスクを含めた丁寧な説明を心がけるといいだろう。

Devil's psychology techniques

# 一人旅が好きな人は根っからの楽天家

【評価】
［効　力］★★★
［警戒度］★★

旅行をする時にも人それぞれの個性がよく表れるものだ。

たとえば、団体ツアーのパック旅行を好む人は、安全第一で慎重なタイプが多い。決められたスケジュールに沿って行動し、たとえ旅行中にアクシデントがあっても、ツアーコンダクターが何とかしてくれるから大丈夫という安心感を重視しているからである。

その反対に、一人旅が好きな人は根っからの楽天家だといえる。**「何かあってもどうにかなるさ」**と何でも楽観的に考える。

そのため、アクシデントが起きたほうがむしろ面白いと期待しているほどだ。何か起こったとしても**「自分には悪いことは起こらない」**と、勝手に思い込んでいるふしさえある。

一人で道を切り拓いていく強さを持っている人でもあるので、困った時には頼りがいがあるのだが、こういう人が団体旅行に参加する時はひと悶着ある可能性が高い。単独行動をしたり、無茶な行動をとって団体の和を乱すことがあるから気をつけよう。

# 身に着けるアクセサリーが多い人ほど警戒心が強い

【評価】
［効　力］★★★
［警戒度］★★

首や手首に何本ものネックレスやブレスレットを巻いていて、耳たぶにはいくつものピアス、指にもたくさんの指輪をはめているような人がいたら取り扱い要注意だ。

やたらとアクセサリーを身に着けている人というのは、見た目とは裏腹に**自分に強いコンプレックスを持っているタイプ**である。

一見社交的な感じもするが、心の中はいつも誰かに嫌われているのではないかとか、バカにされているのではないかなどと不安に思っているのだ。

このようなタイプには、**けっして軽口をたたいてはいけない**。ましてや、それほど仲がいいわけでもないのに最初からタメ口で話しかけたりすると、**「上から目線で見られている」**と警戒心を抱かせてしまうことになる。

また、その人の発言につまらないツッコミを入れてしまったがために、後々までヘソを曲げられてしまうこともある。そんな無用な軋轢《あつれき》を生まないためには、まずはできるだけ丁寧に接することだ。とにかく**コンプレックスを刺激しない**ことが、最良のつき合い方なのである。

Devil's psychology techniques

# ド派手なファッションを好む人ほどじつは地味な性格をしている

【評価】
［効　力］★★★
［警戒度］★★★★

東京の原宿や渋谷でド派手なファッションをして歩いている若者を見かけるのは今やそれほど珍しくない。そういう人は、「目立ちたがり屋で、社交的な人」だと思われがちだが、じつはその正反対であることが多い。

なぜなら、心理学的にいえば、ファッションは**「こうなりたい」という深層心理の表れ**だからだ。実際には、彼らは内気で消極的な性格なのだが、そんな自分を隠して**「明るく、活発な人だと思われたい」という願望**から、あえて派手な格好をしているのである。

ちなみに、そういう人の学生時代は別人のように地味だったりすることがある。ずっと目立たない存在だった自分に嫌気がさして、就職で上京したのを機にド派手なファッションに変身したという人も少なくないのだ。

# ボンボンっぽい顔つきの人は人情味に欠けている

Devil's psychology techniques

【評価】
［効　力］★★
［警戒度］★★★★

最近は女性だけでなく、男性の中にも加齢によるシワやシミを気にしてエステや美容整形などに走る人がいるというが、見た目は若ければいいというものではない。苦労は顔に出るというが、年相応にさまざまな経験を重ね、酸いも甘いも噛み分けた人の顔には味があるものだ。

その一方で、子どもの頃から親にお金をかけてもらってエリートコースをひた走ってきた挙句に親のコネで就職して、たいした仕事をしていなくても給料がもらえるような生活を送っている人には、つるんとしたいわゆる〝**ボンボン顔**〟が多い。

ボンボン顔は、苦労の跡がなくてたしかに年齢よりも若く見えるが、どこか宇宙人的だ。お金もあるし、家族のためにがんばる必要もないものだから生活感もない。

ただ、気前がいいからつい心を許してしまうこともある。だからといって、「オレたち友達」と思っていると、**バッサリと裏切られてしまう可能性もある**。**どこか人情味に欠けている**のだ。ある程度の距離を置きながらつき合う分にはいいかもしれないが、親密なつき合いはやめておいたほうが身のためだろう。

# 社交辞令かどうかは相手の一瞬の変化で見破れる

【評価】
［効　力］★★★
［警戒度］★★★★★

「○○さんも一緒にどうですか？」

すでに何日も前からセッティングされていた飲み会に、当日になって突然誘われたとしよう。

この手の誘いは、別に来なくてもいいけど一応声をかけておかないとマズイという社交辞令なのか、それとも本気で誘っているのか、判断に迷うところだ。

その真意を探るためには、**「マイクロ・ビヘイビア」**という**相手のほんの小さな変化**を見逃さないようにすればいい。

「いや、残念だけど今日は予定があってムリなんだ」と断った時に、相手の肩が一瞬落ちたり、眉が「ハ」の字に曲がったりしたら、本心からガッカリしている証拠である。

逆に、口では「そうなんですか、残念だな」と言いつつも、そんなしぐさが表情や体のどこにも見られなかったらただの社交辞令と思っていい。もともと乗り気でなければ、そんな誘いにわざわざ乗ることもないだろう。

ただしこれは、マイクロというだけあってほんの小さな反応で、しかも**ほんの一瞬で消えてしまう**ので、注意深く、かつさりげなく観察しなくてはならない。

相手も自分も丸裸にする

# 禁断の心理テスト No.4

## Q. 上司に叱られた時、とっさに出る言葉はどれ？

A. 「申し訳ありません、私の責任です」

B. 「指示通りにやったはずですが……」

C. 「やっちゃいましたか！」

D. 「すみません、私がバカなばかりに」

**★診断★**

このテストでわかるのは…

## あの人の出世力

**……Aを選んだ人は……**

潔く自分の非を認めて謝ることができるので、出世力がかなり高い。上司からの期待も高いはず。

**……Bを選んだ人は……**

他人のせいにしてミスから逃げようとするタイプ。似たようなタイプが上司なら出世できるかも。

**……Cを選んだ人は……**

まるで他人事のような態度で反省しないことなかれ主義。向上心もなければ問題の解決力もないので、出世力は低い。

**……Dを選んだ人は……**

口では自分を卑下しながらも、じつは自信満々。人から「お前が悪い」と言われる前に自分で言うのは、世渡りがうまい証拠だ。

相手も自分も丸裸にする

# 禁断の心理テスト No.5

## Q. ついやってしまう目に関するクセはどれ？

A．目頭や目尻を触る
B．指でまぶたをこする
C．パチパチとまばたきをする
D．ゆっくりとまばたきをする

★診断★
このテストでわかるのは…

## あの人の浮気の危険度

**……Aを選んだ人は危険度 80%……**

目頭や目尻を触るのは、視界をはっきりとさせたいから。もし、目の前に好みのタイプが現れたら、チャンスを逃さず行動に出る。

**……Bを選んだ人は危険度 60%……**

まぶたをこするのもAと同じく、目の前のものをよく見ようという心理の表れ。浮気の危険性はどちらかというと高い。

**……Cを選んだ人は危険度 40%……**

繊細で真面目な性格で浮気とは無縁だが、一度道を踏み外すと浮気が本気になってしまう可能性大。

**……Dを選んだ人は危険度 10%……**

目を閉じている時間が長いのは、現実を直視したくないという気持ちの表れ。浮気は疲れるからしたくないと思っている。

相手も自分も丸裸にする

# 禁断の心理テスト No.6

## Q.酔っぱらったらどう変わる？

A．にぎやかによくしゃべる

B．動き回ったり物をたたく

C．しょんぼりと暗くなる

D．泣き上戸になる

E．歌い出す

**★診断★**

このテストでわかるのは…

## あの人の本質

**……Aを選んだ人は……**

几帳面で粘り強い性格。何に対しても真面目。

**……Bを選んだ人は……**

型にはまりたくない自由人。

**……Cを選んだ人は……**

行動的で何をやってもうまくいくのに不安を抱えやすい性格。

**……Dを選んだ人は……**

がんばっているのに裏切られやすい人。

**……Eを選んだ人は……**

社交的で世話好き。頼りがいがある。

3章

# 相手に「イエス」と言わせるテクニック

# 「イエス」と言わせるには「どっちがいい？」と聞け

【評価】
［効　力］★★★
［禁断度］★★★

どんな些細な内容であれ、誰かに頼みごとをする時はその切り出し方を間違ってはいけない。とりわけ「面倒な仕事を振りたい」「デートの約束を変更してほしい」など、言い出しにくいけれど断られたら困るような頼みごとをするには、ちょっとしたテクニックが必要だ。

それはまず、**相手にイエス・ノーの選択肢を与えない**ことだ。どういうことかというと、**頼みごとそのものは引き受けてくれることを前提として、次の質問をしてしまう**のである。

たとえば、「ボクが担当している取引先を少し受け持ってくれないかな？」という切り出し方をしたら、「いや、ボクも手いっぱいだから」と断られてしまうのがオチである。

そこで「A社とB社、**どっちだったら受け持ってくれる？**」という言い方をするのである。こうなると、もう引き受けることが前提となり「どちらかといえばA社がいいかな」といった答えを引き出すことができるのだ。

これと同様に「次に会う約束、変更したいんだけど……」ではなく「日曜日のデートを変更するとしたらいつがいい？」という言い方をすれば、相手に有無を言わせるスキを与えずにすむ。

こうした前提つきの問いかけは意外と使い勝手がいいのでコツを覚えておくといいだろう。

# 相手を思い通りにしたいならあえて否定すればいい

**【評価】**
［効　力］★★★
［禁断度］★★★

一般的に、否定するよりも肯定的な表現を使ったほうが、物ごとはスムースにいくといわれている。たしかにそうなのだが、あえて否定的な表現を使うことで相手の気持ちをコントロールすることもできる。

「教えて」とストレートに突っ込まれると、人はかえって堅く口を閉ざしてしまうものだが、**「話したくなければ話さなくていいんだよ」**と言われると、逆にぽつりぽつりと話し始めたりする。

これはアメリカの心理学者シンバロが**皮肉効果**と名づけた逆転現象だ。つまり、自分が望んでいることを否定してみせれば、結局は思い通りにことが運ぶというわけである。また、否定したあとに「〜したい以外は」という言葉をつけると、効果はさらにアップする。

Devil's psychology techniques

# 頷きをうまく利用して相手の「イエス」を誘う

【評価】
［効　力］★★★
［禁断度］★★

聞き上手な人には頷きながら熱心に話を聞いてくれる人が多い。「うん、うん」と前のめりになって聞いてくれるから、こちらもどんどんと雄弁になって話が弾んでくる。

そうすると、自然と相手に対して好意を抱き始め、自分の話が終わって次にその相手が話し始めた時には、自分も好意的に聞こうとする姿勢になっているものだ。

こうした**「頷き」の特性**をうまく利用すれば、相手から簡単にイエスを引き出せるようになる。

つまり、相手の話を「そうだね」「その通りだね」と頷きながら肯定的に受け止めていくと、相手も自分に肯定的な態度を示してくれるようになる。そうなった時に、「今度のイベントはこの案でいきたいんだよね。どう思う？」などと、さりげなく本題をぶつけてみるのだ。

ポイントは、**相手の返答を聞く時にも熱心に頷いている**ことだ。目の前の相手はせっかくの友好的な雰囲気をあえて壊したくないから、快く思っていなかったことでも「そうだね。いい案だと思う」と、イエスと返事をしてくれる可能性が高くなるはずだ。

Devil's psychology techniques

# 「みなさん、そうおっしゃいます」と言えば心配症な人でも黙る

【評価】
【効　力】★★★★
【禁断度】★★★

心配性な人というのは、自分の迷いが払拭されるまで相手を質問攻めにすることが多い。

たとえば、名の通ったホテルと航空会社を利用する格安の旅行ツアーがあったとしよう。どこからどう見てもお得なプランで、まさに掘り出し物だ。

でも、なぜここまで安いのか……。その理由を探ろうと、不安な人は「なぜ、こんなに安いんですか？」「料理は本当にこの写真と同じレベルなんですか？」「飛行機は安全なのですか？」と担当者を質問攻めにする。

しかし、どれだけ理由を説明されても〝本当なの？〟と疑いの目を向けてくる。そんな人を簡単に安心させたければ、笑顔でひと言、こう言えばいい。

**「みなさん、そうおっしゃいます」**

世の中にはいろいろな意見があるとわかっていても、自分の考えは正しくて、異なる意見を持つ人は「ヘンな人」として切り捨ててしまいがちだ。

だから、**みんなが自分と同じ疑問を持っているとわかると、とたんに安心してしまう**のだ。心配性な人を黙らせるにはこのたったひと言でいいのである。

# 「指示＋指示」で相手を意のままに操れ

【評価】
【効　力】★★★★
【禁断度】★★★★★

何かをしてくれとお願いしても、なかなかいうことを聞いてもらえないケースは多い。しかし、どんな人でもつい従ってしまう言い方がある。それは、指示に指示を重ねるという方法である。

たとえば、報告書を作成してくれと言うと、それは無理だと即座に断られるかもしれないが、「パソコンの前に座って、報告書を作成してくれ」と言われると、その通りに行動してくれる可能性が高い。人は一度に2つの指示を出されるとどちらを断るべきか混乱してしまい、結局、**両方とも断れなくなってしまう傾向がある**からだ。この場合、**相手の目を見つめ、自信に満ちた態度で指示をするのがポイント**である。

ちなみに、これはいろいろな場面で応用が可能だ。ミスをしてパニックになっている部下に報告をしろといっても話にならない。そういう場合には、「コーヒーでも1杯飲んでから報告してくれ」と頼んでみよう。コーヒーを飲んでいる間に落ち着いてきて、きちんとした話が聞けるはずだ。

もっとも、いつでも誰にでも通用するとは限らない。2つのうち1つでも納得できないと拒否されてしまう恐れがあるからだ。そんな時は言い方を変えたり受け入れやすい指示を選んだりするなど、ある程度の工夫が必要になってくるだろう。

# 許容範囲を設定すると人の口は軽くなる

【評価】
［効　力］★★★★
［禁断度］★★

口が堅い人から情報を引き出すのは至難の業だ。すべてを話してと迫っても、よけいに口を閉ざしてしまうだろう。

こういう人には**「話せる範囲でいいから聞かせて」**と言ったほうが効果がある。というのも、**人は量や時間などを限定されると、要求を受け入れやすくなる**からだ。

ちなみに、この質問は**どこまでなら許容範囲か**、と尋ねているところがポイントである。

前提条件にノーの選択肢は含まれていないのだが、こう言われると、相手は思わず〝どれとどれなら話せるか〟と考えてしまうのだ。

同様に、「ほんの少しでいいから」「30分だけでも」「形だけでかまわない」といった具合にハードルを下げると、相手も要求をのんでくれる確率が高まるのである。

# 不利な条件をのませるには要求のハードルを徐々に上げていけ

【評価】
【効　力】★★★
【禁断度】★★★★

相手に「イエス」と言わせたい場面では、説得のしかたに工夫が必要だ。まず、受け入れやすい小さな要求を提示して了解をとりつけておいて、それから**ハードルを上げていく**という方法もある。

たとえば、ある商品を買うことを承諾させたあとで、手数料や送料、あるいはオプションなどをどんどん追加していくといった具合だ。ちょっとズルイやり口に見えるかもしれないが、これは**「ローボール・テクニック」**と呼ばれる説得術のひとつである。**いったん了解をしてしまうと、自分に不利な条件を出されても断りにくくなってしまう**のが人間の心理なのだ。

誰でも一貫性のある行動を好む傾向がある。一度ＯＫしたものを覆すのはその一貫性に反することになり、どうにも居心地が悪い。したがって、不利な条件ものんでしまうということになるわけだ。

この傾向は**真面目な人ほど強く出る**ので、相手の性格を読んだうえで試してみるといい。

ちなみに、不利な条件を示す際は〝ふと思いついた〟とか、〝うっかり忘れていた〟という態度をするといい。下心がみえみえでは反感を買うだけである。

# 「イエス」と繰り返させれば「ノー」と言いにくくなる

【評価】
［効　力］★★★
［禁断度］★★★

お願いしたいことがあるけど断られるかもしれないという時は、相手が無意識のうちに「ノー」と言えなくなるように、こちらのペースに巻き込むことだ。

それには、**相手が必ず「はい」と答える内容の質問を連発していけばいい。**

たとえば、「今日は忙しかったな」などと話しかけると、「そうですね」と答えたとする。次に「明日が休みだから、よかったな」とたたみかけると、また相手は「はい」と答える。

このように、イエスで答えられる質問をたて続けにしていき、最後に「そういえば、この資料を3日後までにつくってほしいんだけど」と本題をぶつけると、相手はつい「はい」と答えてしまうのだ。

これは**「イエス肯定法」**といわれる話法で、セールストークなどでよく使われる。何度もイエスを繰り返していくうちに感覚が麻痺してしまい、そのうち本来なら断るべき質問にもうっかりイエスと口走ってしまうのだ。

もし、買い物をしている最中に店員が「イエス肯定法」でアタックしてきても、この心理法則を知っていれば冷静にノーと言えるだろう。

# 仲がいいと錯覚させるには語尾に「～よね」をつけろ

【評価】
［効　力］★★★
［禁断度］★★

何か提案したいことがある時に、自分に有利になるように話を進められる言葉がある。

それは「～よね」という語尾で、これをつけるだけで相手がこちらの提案を素直に受け入れてくれるようになるのだ。

たとえば、「A社のへプレゼン内容はこれでいいと思いますか？」と聞かれるのと、「A社へのプレゼン内容はこれでいいですよね？」と聞かれた場合で考えてみよう。

「これでいいと思いますか？」と聞かれると、聞かれたほうとしては自分の提案に何か問題があるのではないかと考え始める。場合によってはいい返事がもらえないこともある。

ところが、「これでいいですよね？」と念押しされると、あたかも**相手の意見を自分が代弁しているような錯覚**に陥ってしまい、「これでいいんじゃないかな」とあっさりとOKをもらえることになるのだ。

語尾に「よね」をつけると、自分たちがまるで同じ意見であるかのような**親密な雰囲気**が生まれるので、賛成してもらいやすくなるというわけだ。

Devil's psychology techniques

# 「それとも」をつけるだけで相手を誘導できる

【評価】
［効　力］★★★
［禁断度］★★★

靴を修理に持っていった時に、店員から「修理だけにしますか？　それとも、靴磨きもしますか？」と聞かれたら、それまで磨いてもらう気がなかったのに、どうせならお願いしようかなという気持ちにならないだろうか。

これが**「それとも」という接続詞の驚くべき効用**だ。最初はそういうつもりがなくても、「Aですか？　それともBですか？」と聞かれると、なぜか「それとも」という言葉に続くBを選ばないといけない気がしてくる。だから残業したくない時は、「この仕事、残業してやりますか？　それとも……」と言ってみるといい。そうすると上司は、頭の中で「それとも、帰っていいですか」という**言葉を勝手に補ってくれて「帰っていいよ」と言ってくれるはずだ。**

# 気弱な人を自在に操るには「否定的ダブルバインド」を使え

**【評価】**
［効　力］★★★
［禁断度］★★★★★

つき合っている彼女の誕生日にプレゼントを贈ったら不満だったらしく、「先に何が欲しいか聞いてくれればよかったのに」と文句を言われてしまった。

そこで、クリスマスは失敗しないように事前に「何か欲しいものある？」とお伺いを立てたところ、「私のことが好きなら聞かなくたってわかるでしょ！」と、またしても文句を言われた。

傍目から見れば、そんなワガママな女とは別れてしまえと一喝したくなるが、このように**「どっちも不正解」**といったシチュエーションは意外とある。

これを心理学では**「否定的ダブルバインド」**と呼んでいる。

説明するまでもなく、彼女の言い分には大いなる矛盾があるのだが、**上下関係や立場の優劣で強引に相手を納得させることができる**のが、この否定的ダブルバインドの特徴だ。立場が弱いほうはこの状況に混乱し、言いなりになるほうが楽だと思い込んでしまうのである。

2人の間に波風を立てたくなかったら反論はしないに限るが、下手に出てばかりいると夫婦でもないのに尻に敷かれることになるので気をつけよう。

# 「肯定的ダブルバインド」で相手に有無を言わせない

【評価】
［効　力］★★★
［禁断度］★★★★

仲間うちで旅行に行こうという話が持ち上がったとしよう。メンバーも乗り気だし、あとは誰かが仕切ってくれればいいのだが、幹事となると面倒くさがって誰もやりたがらない。

しかし、1人だけ性格的に幹事に向いているヤツがいる。こんな時、どんな言い方をして頼めば本人の「やるよ」という返事を引き出せるだろうか。

模範解答は、「おまえは計画性があってみんなから信頼されているから、幹事をやってくれないか」である。

まずは「おまえは計画性があってみんなから信頼されている」という評価を伝える。そして、これに納得させて初めて「だから、幹事をやってくれないか」という依頼をするのがふつうだ。

しかし、これだと「自分は計画性はない」という理由で拒否されてしまう可能性がある。したがって「計画性があってみんなから信頼されている」については**当たり前の事実として認識させ**、「幹事をやってくれ」に対する**返事だけをもらうようにすればいい**のだ。

たったこれだけで相手は断りづらくなる。覚えておけば役に立つ説得術のひとつといえるだろう。

# 相手の心にアンカーを投げ込んで思考を思いのままに操れ

【評価】
［効　力］★★★
［禁断度］★★★

**「アンカリング」**という言葉をご存じだろうか。最初に与えられた情報に縛られるため、それを基準にした判断しかできなくなってしまう心理状態のことを指す。アンカー（錨《いかり》）を下ろした船は、**一定の範囲しか動くことができない**。そこから生まれたたとえだ。

そのアンカリングのテクニックは、日常生活のいろいろな場面で見かける。身近なところで言えば、セール品の値札もアンカリングの一種である。

たとえば、1万円と書いてある定価の数字が線で消されて5000円になっていたら、たいていの人はお買い得だと感じるだろう。

あえて元値も見えるようにしておくところがミソで、この1万円がアンカーの役割を果たす。まず、定価が意識に植えつけられるために、セール品はいっそう安い印象を与えられるのだ。そして、客を衝動買いへと走らせるわけである。

したがって、相手の感情を操りたければ、心にアンカーを投げ込めばいいのだ。

値札は非常にわかりやすい例だが、話している最中にもこっそりアンカリングをしかけることが可能だ。この場合は**身振りや手振りをアンカーとして利用する**のである。

心が浮き立つような話をする時には右手を動かし、悲しいできごとやお金の話をする時には左手だけを動かすようにする。

すると、聞き手には右手はプラス情報、左手はマイナス情報というアンカリングがなされるのだ。

こうして準備を整えたら、本題は右手を動かして話すというふうにすると、**相手は無意識のうちに好意的な感情を抱いてしまうことになる。**

手の動きに限らず、立っているなら左右に動いてもいいし、座っているなら顔を動かしたり身体の重心を移したりしてもいい。

アンカリングする感情は何でもいいが、「好き・嫌い」のように**対立する感情だとより強く印象づけることができる。**

話していると自然に身振り手振りが出るものなので、こういった動作を交えても相手に違和感を抱かせることはないはずだ。

Devil's psychology techniques

# 頷き方をコントロールすれば相手よりも優位に立てる

【評価】
［効　力］★★★
［禁断度］★★★★

ビジネスの相手と良好な関係を築くには、やはりスムースな意思の疎通がポイントになる。

いくら話し手が熱弁しても、聞き手がノーリアクションだったら「この人、話を聞く気はあるのか?」とイメージまで悪くなってしまう。つまり、何が言いたいのかというと、会話においては**〝あいづち〟が重要だ**ということだ。

相手の話に頷く行為は、「とりあえず話は聞いています」「聞く耳は持っています」という意志を表す。もちろん、話の内容とは別の話だ。

**聞き手が頷けば、相手は2人の距離がグッと縮まったと錯覚する**。自分の話をウンウンと首を縦に振って聞いてくれたことで、自分自身までもが受け入れられたと解釈するからだ。

それがもしも途中でピタッと止まったら、話し手はとたんに不安になる。それまでの距離をさらに縮めようとして、相手の気に入るように話を持っていこうとするだろう。

逆にこの心理を巧みに利用して、頷くポイントをコントロールすれば、2人の関係性の中で自分が優位に立つことも容易というわけだ。

# 自分の意見を押し通したいなら多数決の前に根回ししろ

【評価】
［効　力］★★★★
［禁断度］★★

まだ信号が青になっていないのに、前に立っていた人が動き出したらつられて横断歩道を渡ってしまった。あるいは、特に欲しいものでもなかったのに、人だかりができている店でお土産を買ってしまったということはないだろうか。

**人は他人の行動につられやすいものである。**誰かが「いい」と言えば、急によく見え出すこともあれば、他人の意見を聞いて、まるで自分がもともと持っていた考えのように錯覚してしまうこともある。

これは多数決で物ごとを決める際の**〝裏の手〟**にもなるのだ。

たとえば、忘年会の店を中華料理にするか、鍋の専門店にするか、どちらかを選ぶことになったとする。この時、大半が「どっちでもいい」と言うのだが、自分は中華料理がいいと思っているのであれば、「冬はお鍋が定番だけど、家でもやっている人が多いから中華料理がいいと思う」などと**決める前に根回ししておく**のだ。

そうすると、どちらでもいいと思っている人たちは、「それもそうだな……」と、その意見につられてしまい、まんまと自分の意見が採用されることになるのだ。

# 相手を丸め込みたければ「たしかに」と言うだけでいい

【評価】
［効　力］★★★
［禁断度］★★

意見の食い違いや対立はどこの世界にもあることだ。お互いに歩み寄って解決を図るべきなのだが、できることなら自分の意見を通したいのが本音だろう。

そんな時に使いたいのが、「たしかに」という言葉だ。

異論や反論に対してまず「たしかに」と頷けば、**相手の意見を受け入れたようにみえる。**それを言われた方からすれば自分の意見に賛成してもらえたと錯覚してしまうのだが、**結果はその正反対になる。**

たとえば相手に「この納期はかなり厳しいのではないでしょうか」と問われたとしたら、「たしかに厳しいです」とまず認めてしまうのだ。すると、相手はトーンダウンするはずである。

そのうえで、「しかし、この日までに仕上げることで、その後の展開がぐっとよくなります」と代替案を提示するのだ。そうすると、**論点をうまく切り替えることができて自分のペースに持っていける**はずだ。

真っ向から反論をするだけが能ではない。「たしかに」といったん受け入れたように見せることで、相手をうまく丸めこめるのである。

# 「本音を聞かせてくれ」と言えば望み通りの答えが返ってくる

【評価】
［効　力］★★★
［禁断度］★★

自分が望む答えや行動を相手から引き出したいなら、相手の心に引っかかるフレーズを問いかけの中に埋め込んでおくといい。

たとえば「○○についてどう思うか」などと聞いても、無難な答えしか返ってこないことが多いが、**「本音を聞かせてくれ」**と伝えれば、反応が変わってくるはずだ。

この質問のキーワードは「本音」である。人はこう言われると、あまり深くとらえていなかったことでも、**たしかに自分には本音があったはずだと錯覚して真剣に考えてくれる**のだ。

〝個人的〟にはどう考えるか、〝良心〟に従って行動してみては、などと本心をくすぐると、相手は反論できなくなってしまうのである。

# どうしてもなびかない人には「あなたは特別」感を演出しろ

【評価】
［効　力］★★★
［禁断度］★★★★

ただの仕事仲間で遊び仲間くらいにしか思っていなかった異性から、今まで聞いたこともないような家庭環境や生い立ちなどのプライベートな悩みを口にされたらどうだろうか。

しかも、その後にすかさず、「あれ、なんでこんなこと言っちゃったんだろう。ごめんね、こんな話、**今まで誰にも話したことがなかったんだけど……**」などと言われたら、もしかすると自分はこの人に特別な存在だと思われているのではないかと、ドキドキしたりするのではないだろうか。

これは悩みの内容そのものよりも、「今まで誰にも話さなかったのに」という点がポイントである。

こう言われると**「あなたは特別だ」と打ち明けられているのも同然**で、悩みを聞いてしまったほうは、急速に相手に惹かれてしまったりするのである。

もし、あの手この手でプレゼント攻撃をしてもなびいてくれないようなタイプを落としたいのなら、こんな心理作戦が意外と奏功するかもしれない。

Devil's psychology techniques

# ソフトなおどしは不安をあおる

【評価】
［効　力］★★★
［禁断度］★★★★

消費者のサイフのヒモを緩めて購買意欲を高めるには、将来の不安に訴えかけるのが一番だといわれている。

たしかにテレビを見ていても、「病気になる前に」とか「抜け毛が気になり出したら」、「地震に備えて」などなど、今から準備をしておかないと大変なことになるかもしれないと思わせるＣＭが多く流れている。

それらは、言い方を変えれば〝おどし〟でもあるのだが、その表現方法はとてもソフトだ。それは、**あまりに強くおどされると人はそっぽを向いてしまう**からである。

テレビの画面を通して「病気になってからでは遅すぎますよ！」とか「薄毛は女性にモテません」などと言われても、押しつけがましいだけで素直に従おうという気になどなれないのである。

これは、部下や子どもを叱ったりする時も同じで、これでもかという**強いおどしは反発を招くだけ**だが、「こうなったら大変だよね」と暗に匂わせると、**不安が現実になっていく怖さを想像させやすい**のである。

Devil's psychology techniques

# 相手を攻略したいなら縦じまの服を着ろ

【評価】
［効　力］★★★
［禁断度］★★

大切な人と会ったりプロポーズをする時など、ここ一番という時には勝負服を着たりするものだが、多くの人は気合いを入れたり験《げん》を担いでみたり、精神的な安定を得られるものを勝負服と呼んでいるだけなのではないだろうか。

ところが、実質的な効果を生み出す勝負服があるのだ。

それは**縦じまの服**である。

縦じまの服を着れば、相手から「イエス」を引き出しやすくなるのだ。縦にまっすぐ伸びた線につられて、首も縦に振りたくなってしまうのである。

ごまかされたような気がするかもしれないが、これは**「垂直の原理」**とも呼ばれるれっきとした心理作用である。

垂直の線には**力強さをアピールする働き**があるため、**無意識のうちに相手はそのパワーに圧倒される**のだ。しかも、この線が増えるほどパワーはアップするといわれている。

もちろん、服装だけですべてがうまくいくとは限らないが、ストライプのシャツやスーツを着れば相手を攻略できる可能性は高まるに違いない。

Devil's psychology techniques

# どうしても仕事を取りたい時は美男美女を連れていけ

【評価】
［効　力］★★★★
［禁断度］★★

「人間は顔じゃない」と誰もが思いつつも、容姿が整った美男美女はそれだけで世間の注目を集めるし、話題にもなる。やはり、**容姿が強力な武器になる**のは間違いないと言っていいだろう。

ならば、仕事にもその武器を使わない手はない。といっても、**必ずしも自分が美男美女である必要はない。**

この仕事はどうしても取りたいというここ一番のプレゼンに、社内一のイケメンや美女に同行してもらえばいいのだ。そして「一緒に担当させていただきます○○です」と紹介しておくのである。

そうなると相手も悪い気はしないもので、「じゃあ、今回はおたくの案でいきましょう」となる可能性が高いだろう。

# 「オレたち」のひと言で相手は逆らえなくなる

【評価】
［効　力］★★★★
［禁断度］★★★★

友人に「これ手伝ってくれない？」と頼まれても、どうしてもはずせない用があれば「悪いけど、今日はダメなんだ」と断れる。

だが、「手伝ってくれない」のあとに**「オレたち仲間だろ」**と言われたらどうだろう。とたんに断りづらくなってしまうのではないだろうか。

これは、「オレたち」とか「私たち」という言葉には、**他人を〝当事者〟に引き込む力がある**からだ。こう言われると、何となく逆らえなくなってしまうのである。

だから、もし社内に協力的ではない社員がいたら、この「○○たち」という言葉を使ってみるといい。全員で手分けして急ぎの仕事をしているのに、そそくさと帰る準備を始めたら「もうひと踏ん張りだから、オレたちの力で今日中に終わらせよう」と声をかけてみるのだ。

そこで、みんなで頷き合ったりすれば、さすがの単独プレーヤーも**一丸となった空気に逆らえない**はずだ。

# 無理な頼みも「〜ので」で「イエス」と言わせられる

【評価】
［効　力］★★★★
［禁断度］★★★★★

時間がなくて急いでいるのに、目の前の行列がなかなか進まなくてイライラしたことはないだろうか。もちろん、ここで無理やり割り込んだら大ひんしゅくを買うのは目に見えている。そこで、スマートに割り込む方法がある。

それは、**理由をはっきりと表明する**ことだ。

「大至急コピーをとらなければならないので、2ページだけコピーをとらせていただけませんか」

「すいません、先に入れていただけますか。列車の発車時間が10分後に迫っているものですから」

こんなふうに伝えると、言われたほうは受け入れやすくなる。

人は理由がはっきりしない要求には応じにくいものだが、「私は〜がしたい」「なぜなら〜だから」と理由を示せば、**相手も自分の行動に正当性を見いだして納得してくれる**わけである。この場合、たいした理由は必要なく、「〜ので」「〜だから」といったフレーズを使うだけで、それらしく聞こえてしまうのだ。

交渉の場でも、「ぜひ、ご協力をお願いします。一緒にお仕事をしたいと思っていましたので」などとひと言つけ加えれば、成功する確率もぐっと上がるだろう。

相手も自分も丸裸にする

# 禁断の心理テスト No.7

## Q.立食パーティでのグラスの持ち方は？

A．グラスの口の近くを持つ

B．グラスの真ん中を握る

C．グラスの下のほうを持って小指を立てる

D．グラスを包み込むように両手で持つ

**★診断★**

このテストでわかるのは…

## あの人の秘密の性格

**……Aを選んだ人は……**

細かいことを気にしない大雑把な性格。陽気なノリで誘えば簡単に取り込めるタイプ。

**……Bを選んだ人は……**

どんな相手にも調子を合わせられる柔軟な性格。最も「イエス」と言わせやすいタイプ。

**……Cを選んだ人は……**

神経質で内気な性格だが、芸術的センスやアイデアが豊か。自分の美意識に合わなければ首を縦に振らないタイプ。

**……Dを選んだ人は……**

寂しがり屋で人と接するのは不得意。いつも孤独を感じていて、悪い友人に引っかかりやすいタイプ。

相手も自分も丸裸にする

# 禁断の心理テスト No.8

## Q. 探し物をしているあなた。何を探している？

A. 鍵

B. 印鑑

C. 薬

D. ペット

**★診断★**

このテストでわかるのは…

## あの人が気になっていること

**……Aを選んだ人は……**

片思いや浮気などの異性問題が気になっている。

**……Bを選んだ人は……**

お金の貸し借りなどの金銭問題で不安を抱えている。

**……Cを選んだ人は……**

隠しごとがバレないかどうかが気になっている。

**……Dを選んだ人は……**

友人や会社関係などの人間関係でトラブルを抱えている。

相手も自分も丸裸にする

# 禁断の心理テスト No.9

## Q. トイレが４つ並んでいたらどこを使う？

A．入口から一番奥
B．入口の一番手前
C．奥から２番目
D．手前から２番目

**★診断★**
このテストでわかるのは…

## あの人のメンタルの強さ

**……Aを選んだ人は……**

小さなことにクヨクヨしがち。

**……Bを選んだ人は……**

さっぱりとしていて細かいことにはこだわらない。

**……Cを選んだ人は……**

自分に自信がなく控えめで、他人からの批判に弱い。

**……Dを選んだ人は……**

おっちょこちょいの気分屋で、メンタル的には強くも弱くもない。

# 4章

# その「ひと言」から わかる 隠されたホンネ

# 「われわれ」を連発する人は周囲を取り込もうとしている

【評価】
［迷惑度］★★★
［警戒度］★★★★

「われわれは……」から始まるものといって、まず思い浮かべるのは選手宣誓だろう。

「われわれは、スポーツマンシップにのっとり、正々堂々と戦うことを誓います！」

宣誓するのは大勢の選手の中のたった一人だが、その他の選手もこう高らかに宣誓されると「たしかに自分も誓った」という気分になる。これは、「われわれ」という言葉に**帰属意識を高める効果**があるからだ。

だから、もし社内プレゼンなどで誰かがこの言葉をやたらと使っていたとしたら、その人は**自分の案を押し通そうとしている可能性がある**。

「われわれはこのプランで一丸となり、現状を打開していかねばなりません」「この1年は、われわれにとって勝負の年となるでしょう」

こう言えば、そこにいる多くの社員が会社の問題を自分のこととして受け止めるようになる。一緒に戦っていかなければならない気分にさせられてしまうのだ。

「われわれ」という言葉がやたらと耳につく時は、周囲を取り込もうとするのが狙いなのかどうか、ちょっと疑ってみたほうがいいかもしれない。

# 「私」が「俺」に変わるのは距離を縮めたいサイン

【評価】
［迷惑度］★
［警戒度］★★★

男性が自分に対して使う一人称には、隠れた心理が表れていることがある。

たとえば、ビジネスシーンでよく使う言い方に「私」がある。自分のことを「私」という男性は、他人とある程度の距離を置いてつき合う社会性が高いタイプが多い。

しかし、**つき合いが長くなってくると、この呼び方に変化が起きることがある。**

たとえば、仕事のあとに飲みに行った居酒屋などのくだけた場面になると、「俺は……」などと言い出すのだ。

これは、**相手が距離を縮めたいと思っているサイン**でもある。そこで、そのタイミングを逃さずに「俺もそうだよ」などと合わせれば、相手の心証がよくなるはずである。

# 「絶対」を強調するのは自分に自信がない人

【評価】
［迷惑度］★★★
［警戒度］★★★★

「絶対大丈夫！」「絶対できます！」などと繰り返す人がいたら、**大人としての成熟度を疑ったほうがいい**。

そもそも、何かを確実に成し遂げている人ならば、あえてそう言わなくても周囲からの信頼は厚いものだ。

「絶対、絶対」とことさら強調するのは、**周りからそう思われていないことが自分でわかっているから**だ。しかも、自分でもイマイチ自信がないから、声に出して強調しなければならないのである。

こんな相手に対しては、勢いに押されて物ごとを任せきりにするのは危険だ。折に触れて様子をチェックしておきたいところだが、ただし、やる気があるのは事実なので、上手にコントロールすれば役に立つこともあるだろう。

見かけは大人だが、未熟で子どもっぽい側面がある相手だということを忘れずにつき合っていけば案外うまくいくかもしれない。

Devil's psychology techniques

# 「～すべき」と言う人は正論が大好き

【評価】
［迷惑度］★★
［警戒度］★★★

**正論至上主義者**の口グセといえば、「～すべき」という言葉である。

具体的には「社長に話すべきではなかったな」とか「そこは断るべきだろう」、「キミが先に連絡をすべきだよ」という言い方だが、この「すべき」という言葉には**自分の価値観をいかにも正義と思い込ませるマジック**がある。

だが、その指摘がまっとうであれ的外れであれ、聞かされるほうにとっては単なる〝ダメ出し〟に過ぎない。あまりにも度が過ぎるようなら、先手を打って対処したほうがいいだろう。

その方法は至ってシンプルで、**やることをやって〝すべき〟と言わせない**のである。

たとえば、「社会人たるもの服装はきちっとすべきだ」と言うなら、まずはその通りにする。そして、ぐうの音も出ないほどビシッと決めて相手を黙らせればいいのだ。

これを繰り返していると自然と一目置かれるようになり、いつもあなたを注目するようになる。

そうなれば今度はこちらが主張する番だ。

「やるべきことをやっているんだから、文句はないだろう」という態度で、「次の仕事は僕に任せてください」「今度の土日は休暇をとらせていただきます」と、堂々と繰り出せばいいのだ。

# 「一般的には…」の続きにはその人の本音が隠れている

【評価】
【迷惑度】★★
【警戒度】★★★★

こんなに一生懸命にプレゼンをしているのに、肝心の担当者が無表情で心が読めない。

こんなタイプを相手にしなくてはならなくなったら、「いかがだったでしょうか?」などとストレートに聞かないことだ。どうせ聞いたところで「私には判断できかねますので、いったん持ち帰ってお返事させていただきます」などとシラッとかわされてしまうだけだ。絶対に自分の本音など語るはずもない。

ところが、この手のタイプは**自分の本音以外ならけっこうしゃべったりする**もので、「一般的にはこういう見方がされる」とか「上司ならこう判断するかもしれない」など、**まるで他人事のように批評するのは得意**なのだ。おそらく、自分は見識があるというところをアピールしたいのだろう。

そして、面白いことにその批評には**少なからずその人の意見が含まれている**。

だから、本音をしゃべらない場合には「一般的にはどうでしょうか」とか「部長の○○さんだったらどう判断されるでしょうね」などと振ってみるといい。そうすれば、ポロッと本音が出てくるはずである。

Devil's psychology techniques

# 「カワイイ」を連発する人は共感してほしがっている

【評価】
［迷惑度］★★★
［警戒度］★★

女子高生ならともかく、大人になって「すごーい」「カワイイ!」を連呼する人には幼稚で軽薄な印象を持ってしまうが、実際は少々違っていたりする。

「すごーい」とか「カワイイ!」と大げさに感動を表しているのは、**「私に共感してほしい」というアピール**なのだ。

本当に感動していたら、文字通り言葉にならないもので、簡単には表現できない。あえて「感動」をアピールするのは共感を求めているからなのである。

その心理がわかっていれば、「そうだね」「すごいね」とあいづちを打つのも簡単だ。共感を求めるというのは寂しがり屋ということでもあるので、**「共感してもらえた」という満足感**から、あなたに好感を抱くはずである。

# 「えー」「まあ」から始める人は主導権を握りたがっている

Devil's psychology techniques

【評価】
［迷惑度］★★
［警戒度］★★★★

話し方のクセというのは面白いもので、**心の内がにじみ出てしまう**ものだ。たとえば「えー」「まあ、このー」「うーん」「そうですね」といった言葉から話を始める人は意外と多いだろう。

もちろん、単に言葉選びに悩んでいる場合もあるが、日頃から強気な人がこのパターンだとしたら気をつけたほうがいい。

これは単なる口ぐせというよりは、**主導権を握ろうという心理の表れ**でもあるからだ。とりあえず適当なあいづちを打って話の間合いを取り、相手の攻撃をかわすことで次の手を考える時間を稼いでいるのだ。演説を得意とする政治家たちにこの手が多いのも頷ける話だろう。

つまり、**一筋縄ではいかない相手**ということになるわけで、心して対峙するべきなのだ。油断していると相手のペースにいつの間にか巻き込まれて足をすくわれることもあると肝に銘じておきたい。

Devil's psychology techniques

# 「これ」「あの」を使うのは苦手意識の表れ

【評価】
［迷惑度］★★
［警戒度］★★★

話をしている最中に「この話」「例の件」「あの人」などの代名詞を多用する人がいたら、それは**苦手なものへの抵抗意識の表れ**だ。

具体的な名前を口にしたくないから、「この」「あの」といった言葉に逃げてしまうのである。

たとえば、誰かの話をする時に「○○さん」と名前で言わず、「例の人」「彼」と言ったら、**その人に対して苦手意識を抱いている**と思っていい。

もし、「例の件なんだけど……」と話を振ってくるとしたら、**あまりいい展開ではない**ことがうかがえる。

このような話し方はよく使われるが、その人の苦手意識が垣間見えるので注意しておくといい。時にはネガティブな展開にはまってしまうかもしれないので、上手に話題を変えたりして自衛するのが得策だ。

# 「ですよね」と同感する人は自分を認めてほしがっている

【評価】
［迷惑度］★★
［警戒度］★★★

どんな人にもひとつやふたつは口グセがあるものだが、会話の最中にやたらと「ですよね」を連発する人はどういうタイプなのだろうか。


「今度移動してきたNさん、ものすごい美人だよね」

「ですよね！　自分もそう思ってました」

「でも、きれいな人って案外ドライな性格の人が多いからなぁ」

「ですよね！　そういう人が多いですよね」

「まあ、オレとしては仕事さえちゃんとやってくれればいいんだけど」

「ですよね！　大事なのは仕事ですよね」


ハタから見ると、まったく主体性がない人間のように思えるが、それとはちょっと違う。

「ですよね」が口グセの人は、どちらかといえば**自己評価の低い人**だ。

**自分を認めてほしい**から、相手の言うことに「ですよね」としつこいくらいあいづちを打つ。

自分で同意しながら、さらに相手に同意を求めるこの言葉で**相手との関わりを強めたいと思っている**のだ。

これは、寂しがり屋の子どもが親の気を引くために親の喜ぶ行動をしてほめられたい心理に似ている。

冒頭の例が子どもの場合と違うのは、ただかまってほしいだけではなく、かまってくれれば見返りに何かを奉仕したいという気持ちも潜んでいることだ。

それを考えれば、「ですよね」が口グセの人はどちらかといえば**子分気質**ということになる。

そんな人を相手にしているほうはうんざりするかもしれないが、少なくとも**相手があなたに好感を持っている**のは間違いない。

ここはぞんざいにするよりは、味方の一人だと思って相手をしたほうが何かと得になるだろう。

# 「なぜ」「どうして」と聞く人は経緯を聞かないと気がすまない

Devil's psychology techniques

【評価】
［迷惑度］★★★
［警戒度］★★

「なんで？」「どうして？」を連発するのは幼児期の特徴だが、これは知的好奇心を伸ばす絶好のチャンスとして子育てでは歓迎されている。

ところが、大人になってまでも「なぜ？」「どうして？」を多用する人は、正直に言えばちょっと面倒なタイプだ。短気な人なら「しつこいなあ」と一喝したくなる時もあるだろう。

もちろん、相手にしてみれば嫌がらせのつもりはない。こういう人は、**ことの起こりやきっかけを聞かないと思考をスタートさせられない**だけなのだ。

こんな時の手っとり早い対処法は、口頭ではなく**できるだけ文字で説明する**ことだ。

たとえば、共同で行っているプロジェクトの方針変更があったとしたら、変更になった経緯を**時系列で書いてメールする**のである。

この時「そもそもなぜ変更になったか」の部分に重きを置いてあげると、相手はより納得しやすくなるだろう。

# 「時間のムダ」とどなる上司は理解力に問題がある？

【評価】
［迷惑度］★★★
［警戒度］★★★

「成功の条件は師に恵まれること」などというが、教師にせよ上司にせよ、自分で選べるわけではない。単に相性が悪いだけならまだしも、自分の努力を認めてくれず、むしろやる気をそぐような物言いしかできない師だったりしたら最悪だ。

たとえば、人に向かって平気で「なんだそれ。そんなの時間のムダだろう」というような言い方をする上司がいたとする。こんな言われ方をされればどんな部下でも傷つくし、努力した自分がバカバカしくなるものだ。

しかし、実際は「ムダ」なのではなく、**段取りや手順などが相手のイメージしていたものと違っていた**というケースがほとんどである。つまり、それを認識できない**上司の理解力に問題がある**ことが多いのだ。

だが、ここで「一所懸命やったんです」とか「指示された通りにやりましたけど」と反論するのは逆効果になる。「それが時間のムダだって言ってるんだよ！」と返り討ちにあうだけである。

こういう場合は「私のやったことは本当にムダですか」「だったら、どのあたりがムダか具体的にお願いします」と切り返すのがベストだ。単なる暴言なら言葉に詰まって終わるはずである。

# 「ようするに」と言う人は結論だけを欲しがっている

【評価】
［迷惑度］★★
［警戒度］★★★

会社で進行中の仕事の申し送りなどをする時、順を追って話していると「ようするにこういう話でしょ？」と割って入る人がいる。

人の話を中断して勝手にまとめられると、つい「短気な人」とか「出しゃばりな人」として切り捨てたくなるが、もうひとつ踏み込めば、まとめたがる理由がわかる。こういう人は性格ではなく思考そのものに特徴があるのだ。

「ようするに」や「結局」といった〝まとめ言葉〟を使いたがる人は、**情報や思考をポイントだけで考える傾向がある。**そこに至る過程や背景などはさほど重要視せず、**結果だけを箇条書きにして頭に入れている**のだ。

だから、ことの経緯やそこに至るまでのやり取りを聞かされても、真意を汲み取って理解するということができない。その結果、「○○だったから××になりました」という結論だけを欲しがるのだ。

言い換えれば、こういう人に話の流れをわかりやすくする工夫をしてもムダである。押さえるべきポイントだけを伝えたほうが、むしろ喜ばれることを覚えておこう。

# おうかがいを立てるのは肯定してほしいサイン

【評価】
［迷惑度］★★
［警戒度］★★★

「僕はいいと思うんだけど、どうかな？」「これ好きなんだけど、どう思う？」などと話しかけられたら、単なる質問と受けとってはいけない。

これは、**質問した内容を肯定してほしいだけの形式的な疑問文**なのだ。

形だけの質問に賛同してもらうことで**自信のなさを補っている**のである。

そこで「ちょっと違うんじゃない」などと答えると、相手は出鼻をくじかれて意気消沈してしまう。

このタイプは、落ち込んだら最後、そこから回復させるのが大変だ。あえてやり合う気がない時は、「それでいいと思うよ。でも、これも試してみたら……」などと**遠まわしにアドバイスをしたほうが無難である。**

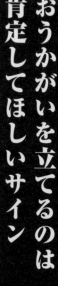

# 「別に」が出てくる人は自分の欲求を抑えている

【評価】
［迷惑度］★★
［警戒度］★★★★★

記者会見で、ふてくされ顔で「別に……」と言って話題になった女優もいたが、質問された時に「別に」と答えるのは、**欲求不満が根底にある場合が多い**。

「別に」は「別にどちらでもいい、言いたいことはない」という意味ではない。**本当は言いたいことがあるけれど「どうせ自分の意見なんて聞いてもらえない」という気持ちの裏返し**でもある。

いい大人が何をふてくされて、と放っておいてもいいかもしれないが、後々までその不満を引きずられてはかなわない。

このセリフを吐かれた時には「いや、どうしても意見を聞きたいんです」とやんわりと食い下がってみよう。意見を聞いてもらえると感じたら本音を話し出すかもしれない。

言いたいことをストレートに話せる場面ばかりではないのが大人の社会だが、できるだけ不満を後に残さないようにするのもうまく生きていくコツなのである。

Devil's psychology techniques

# 必要以上に名前で呼ぶのはその人を取り込みたいから

【評価】
［迷惑度］★★
［警戒度］★★★★

複数の人がいる場面で、「○○さん、これお願いね」と名指しをされるのはごく自然なことである。

だが、2人で対面しているにもかかわらず、「これもよろしく、○○さん」とか「これについて意見を聞かせてほしいんだけど、○○さん」などと必要以上に名前で呼ばれるようなら、その相手はあなたのことを取り込もうとしているに違いない。

なぜなら、**人は名前で呼ばれると、その相手に対する好感度が高くなる**からだ。

たしかに、「ちょっと」とか「あの」などと呼ばれるより、きちんと名前で呼ばれたほうが親近感も湧くし、**自分の存在を認識されている気分**にもなるものだ。

つまり、名前を連呼する人は、この心理をわかっていて自分の側に取り込もうとしている可能性があるのだ。

だが、その効果もある程度までで、あまりにも頻繁に名前を呼ばれると今度はうっとうしさを感じるようになる。度が過ぎるほど名前を呼ぶ人は、そこまで他人の心理を理解していないのかもしれない。

# 「キミのため」と言う人は見返りを欲しがっている

Devil's psychology techniques

【評価】
［迷惑度］★★
［警戒度］★★

何かにつけて、「キミのために」とか「あなたによかれと思って」などと口にする人がいる。本人は親切心で言ったつもりかもしれないが、言われたほうはうっとうしくてしかたがないものだ。それもそのはずで、押しつけがましい態度や言葉は相手を説得できないばかりか、かえって逆の結果を招くことが多いからである。

このように自分の気持ちを押しつけてくる人は、**自信家で自分が正しいと思い込んでいる**ふしがある。

そのため、**自分のアドバイスに対しては精神的な見返りを求める**し、もし言う通りにしないでうまくいかなかった時には「だから忠告してあげたのに」と、鼻高々に言われてしまう。

この手のタイプに対しては「ありがとう」「そうですね」と言って、あとは聞き流しておけばいい。とりあえず素直に聞いていれば満足するはずだ。

ちなみに、この手の人間とは**あまり深くつき合わないようにしたほうが無難である**。個人的な誘いには乗らないようにするなど一定の距離を置くといいだろう。

# アピールばかりする人の言葉を正反対にすると本心が見える

【評価】
［迷惑度］★★
［警戒度］★★★★

本来なら根暗な人が人前で明るくふるまったりするのは**本人の願望がそうさせている**からだが、会話でも同じことがいえる。「自分は妻と円満で、子どもにも慕われて……」と、聞いてもいないのにやたらと家庭が幸せでうまくいっていることをアピールする人は、実際には疎外されていて寂しい思いをしている可能性がある。

なぜなら、本当に家庭円満ならば、あえて幸せであることを口外しなくてもいいからだ。

また、「仕事が忙しくて寝る暇もない！」と口グセのように言っている人は、実際にはあまり忙しくないが、周囲にはバリバリ仕事をしているように見せたいのだ。

**言葉とは裏腹の視点**から相手を見てみると、思いがけない本心をのぞくことができるのである。

# 話を中断する人は ウソをついている可能性がある

【評価】
［迷惑度］★★★
［警戒度］★★★

話をしている時に相手の話がたびたび中断するようなら、その人はウソをついている可能性がある。

というのも、ひとつウソをつけば、それを補うためにまた別のウソをつく必要が出てくる。さらに、そのウソがばれないように新しいウソをついて……と、**ウソの上塗り**の作業が始まってしまうからである。

たとえば、友達からの誘いを「頭痛がするから……」とウソをついて断ったとしよう。後日、その人から「病院には行ったの?」と聞かれて、「うん」とウソをつく。すると、「じゃあ、MRIの検査をやったんだね?」と返されて「やった」とまたウソをつく。

だが、実際にはMRIがどんな検査なのかすらわからない。このあたりから自分のついたウソをどう処理したらいいのかとまどってくる。**頭をフル回転させてもウソの続きを思いつかなくなる**ので、つい話が途切れ途切れになって中断してしまうのだ。

ちなみに、途中から急に話題を変えようとしてくれれば、それは完全にウソに行き詰まった証拠である。

# 擬態語を多用しすぎる人の話は具体性に欠けている

【評価】
［迷惑度］★★
［警戒度］★★★

「バーンと」「ビューンと」「どっさり」「パパっと」といった擬態語は、誰でも会話の中で使うことがある。

しかし、この言葉を多用しすぎる人の話は**具体性に欠ける**ともいえる。

たとえば、「この仕事の締め切りは？」と確認したところ、「パパっとやってください」と言われてしまうといった具合だ。いつまで、という**具体的な答えが欲しいのに抽象的な答えしか返ってこない**のである。

そんな人から具体的な答えを引き出したい時はちょっとしたコツがいる。

「パパっとやってください」と言われたら、「パパっとですか……」と**自分も同じように擬態語を使って返す**のだ。

すると「そうだね、夕方までにお願いします」と、改めて具体的に答えてくれたりする。

目には目をというわけではないが、〝擬態語には擬態語で〟が有効な対処法なのである。

# 感覚的な物言いをする人は連想でものを言っている

【評価】
［迷惑度］★★
［警戒度］★★★

物ごとをなんでも理性的に考える人からすれば、感覚的な物言いをする人はどちらかといえば相性の悪い相手だ。

感覚的な人は会話でも擬音語や擬態語を多用することが多い。

たとえば、

「資料集めなんか**チャチャッ**とやればいいんだよ」

「時間まで**ガーッ**とやるしかないね」

「彼女、今日なんとなく**キラキラ**してない？」

といった具合だ。

また、些細なことにも「すごい」を連発したり、状況を表す時に「いい感じ」といった曖昧な表現を用いるのも同じタイプの人間だ。

こんな人たちに共通するのは、気分しだいで話がどんどん脱線していくことである。しかも、脱線するだけならまだしも、言うことが二転三転することもあるからやっかいだ。

その理由はずばり、**思考の〝連想ゲーム化〟**にある。

ふつうは、目の前にステーキが置かれたら「おいしそう」と思うだけだが、こういうタイプは「おいしそう」という言葉をきっかけにして別の食べ物を思い浮かべたり、さらに別の食べ物を食べた時のエピソードを思い出したりする。

そして、それを口に出すことにまったく躊躇がない。だから、本人の中ではすべてつながっていたとしても、聞いている相手にしてみれば**「急に何の話をしてるの?」**となってしまうのだ。

擬声語や擬態語を多用する人との会話では、**こちらが主導権を握って話の本筋をキープする**しかない。

遠慮せず、「話が飛んでるよ」「意味がわからない」とツッこんでかまわない。これがムダに振り回されないコツである。

# 質問されてお茶を濁すのは何かを隠している証拠

【評価】
［迷惑度］★★★
［警戒度］★★★★

質問をされた時にストレートに答えずにちょっとズレたことを言う人がいる。これは質問が理解できていないのではなく、**答えられない理由がある**のだ。

たとえば「資料づくりは順調にいっているか」と聞かれたとする。

「まあ、別件のほうもめどがついたので、まあまあですかね。そういえば、先日問い合わせがあった報告書の件ですが……」というように、「順調か」ということにはっきりと答えず話題をすり替える時は、十中八九順調ではないとみていいだろう。

とりあえずお茶を濁しておいて、あとで挽回しようと企んでいるのだ。本人はうまくはぐらかしたつもりでも、こんなごまかしは容易に見破れるはずだ。

しかし、本人をすぐに問い詰めることがいい結果を生むとは限らない。**とりあえず泳がせておいて、挽回できるようならあえて追及する必要はない**だろう。

大切なのは、**「隠しごとがある」ということを見抜いたら、目を離さない**ことである。

# ウソをついている人は早口になりやすい

【評価】
［迷惑度］★★
［警戒度］★★★★

挨拶のしかたや敬語の使い分けなど、言葉使いに気を配るのは社会人の常識だ。ビジネスマナーの講習会などでも、入社時には必ず一度は学ぶ〝基本のき〟である。

しかし、いくら言葉使いに気をつけても、その人の性格や本音が出てしまうのが会話のテンポだ。たとえば、早口でまくしたてるように話すのは強い自己主張の表れでもあるし、反対にゆったりと話すのは落ち着いている証拠でもある。

しかも、デキるビジネスパーソンになれば、相手のテンポに合わせてスピードをコントロールするという高等テクニックを持ち合わせている。

そこで、ひとつだけ覚えておきたいのは「ウソをついている人間は早口になりやすい」ということだ。

これは、**話している間にもウソがばれるのではないかという不安**と、**一刻も早くその会話を終えて罪悪感から解放されたいという願望**によるものである。

初対面の相手なら早口がクセの人もいるだろうが、よく知っている相手が急に早口になったら、そこには何か隠しごとがあるのではないかと疑ってみてもいいだろう。

# のろけ話をするのは じつは不安の裏返し

【評価】
[迷惑度]★★
[警戒度]★★★

「今日デートなんですよ」とか「彼女って料理がめちゃめちゃ上手で」というように、顔を合わせれば恋人の話でのろける人がいる。

さぞかししっかりとした絆で結ばれたラブラブカップルなのかと思いきや、**じつはその関係に不安を抱いている**場合がある。

自分たちは本当に愛し合っているのか、この関係は続くのかという**一抹の不安がいつもある**ため、**他人にその仲良しぶりをことさらに言いふらしてしまう**のである。

もちろん、こんな人ののろけ話につき合って茶々を入れるのは面倒なことになるのでやめておきたい。

「彼女は本当に真剣なんですかね」などと冗談で言ったつもりが、相手の不安な気持ちをさらにえぐってしまい、怒らせてしまうこともあるからだ。

「仲がよくてうらやましいですね」と、当たり障りのないことでも言って喜ばせておけば満足するはずだし、よけいなトラブルを招くこともないだろう。

Devil's psychology techniques

# 敬語を使いすぎる人の心中は不満でいっぱい

【評価】
［迷惑度］★★
［警戒度］★★★★

お部長さまは、いつもおステキなお洋服でいらっしゃられますわね〜

敬語のひとつも使いこなせなければ社会人としては失格といえるが、何年もつき合っているのに必要以上に丁寧な言葉使いで接してくる人がいたら注意したほうがいい。過剰な敬語や丁寧な態度の裏には、**激しいマイナスの感情**が隠されていることがあるからだ。

敬語を使うと、相手との間に一定の距離が生まれ、生の感情をさらけ出すことを防ぐことができる。特に不満や嫌悪などのマイナスの感情を抱いている時、人はそのことを悟られまいとして過剰に敬語を使う傾向がある。

つまり、つき合いが長いのにいっこうに丁寧な態度や言葉使いを崩さないのは、敬意の表れではなく**悪い感情を抱いている可能性がきわめて大きい**。丁寧な態度のウラに隠された真意を見極めてつき合うといいだろう。

# 言い間違いには
# その人の願望が隠されている

Devil's psychology techniques

【評価】
［迷惑度］★★
［警戒度］★★★★

よくうっかりして言い間違いをすることはあるが、そこに深い意味はないとわかれば誰も関心を向けないだろう。しかし、そんな**無意識の言い間違いにこそ、その人の願望が隠されている**ことが少なくない。

たとえば、会議の時に司会者が「では、閉会します」と言うところを「では、閉会しますと」言い間違えてしまったとする。

これは、早く閉会したいという**願望がつい口に出てしまっている**のである。

また、上司など目上の人と話している時に、「〜ですよね」と言うべきところを、うっかり「〜だよね」と、いわゆるタメ口で言い間違えてしまうのは、心の中では相手に対して敬意を払っていない証拠だといえる。

しかも、外出先から会社に「これから帰社します」と電話するところを、「これから帰宅します」と間違えてしまうのも、本心では会社に戻らず自宅へ直帰したいと思っているからだ。

小さな言い間違いを見逃さないようにしていれば、その人の本音が手に取るようにわかるというわけだ。

Devil's psychology techniques

# 頭でっかちの小心者は専門用語を使いたがる

【評価】
［迷惑度］★★★★
［警戒度］★★

専門用語を好んで使ったり、わざわざ難解な言い回しを使う傾向がある人は、自分を賢くみせたい**自意識過剰なタイプ**が多い。

そもそも本当に賢い人ならば、自分は知的だというアピールをする必要はないわけで、それは**コンプレックスがあるからこその行動**だといえる。

**人は自信がない時ほど多弁になる**というが、難しい言葉を駆使して語れば語るほど透けて見えてくるのは、中身がないのに背伸びをしているつまらない人間像だ。

しかも、頭でっかちの小心者でもあるのでツッコミどころは満載なのだが、プライドが高い分、**下手にコンプレックスを刺激すると面倒臭い相手になることもある。**

あえて怒らせる必要がない時は、「すごいですね〜」などと適当にあいづちを打って、ルンルン気分にさせておくのが無難だろう。

相手も自分も丸裸にする

# 禁断の心理テスト No.10

## Q. もし鳥になれるなら、どんな鳥になりたい？

A. きれいなクジャク

B. 大空を舞うカモメ

C. 放し飼いの鶏

D. カゴの中の小鳥

**★診断★**

このテストでわかるのは…

## あの人の願望

**……Aを選んだ人は……**

自分の外見を磨きたいと思っている。髪形やファッション、体型を整えることに興味津々。

**……Bを選んだ人は……**

他人に束縛される窮屈な生活はまっぴら、もっと自由に生きていきたい。

**……Cを選んだ人は……**

いつまでもブラブラしていないで、就職や結婚をして地に足がついた生活がしたい。

**……Dを選んだ人は……**

変化のない退屈な毎日に飽き飽きしている。生活に楽しい変化が欲しい。

相手も自分も丸裸にする

# 禁断の心理テスト No.11

## Q.着てみたい服の色は？

A. 赤
B. 青
C. 緑
D. 黄
E. オレンジ
F. 紫
G. 白
H. 黒

**★診断★**

このテストでわかるのは…

## あの人の“ なりたい自分 ”

**……Aを選んだ人は……**

攻めの姿勢でどんな夢もかなえる行動的な人。

**……Bを選んだ人は……**

物静かで落ち着いたインテリ。

**……Cを選んだ人は……**

堅実で我慢強く、自分に自信を持っている人。

**……Dを選んだ人は……**

明るくて勤勉な野心家。

**……Eを選んだ人は……**

自由奔放に生きる人。

**……Fを選んだ人は……**

感受性が強いロマンチスト。

**……Gを選んだ人は……**

純粋で美しい人。

**……Hを選んだ人は……**

社会の常識にとらわれず思いのままに生きる人。

相手も自分も丸裸にする

# 禁断の心理テスト No.12

## Q. どんなアクセサリーが好き？

A．蝶や動物などのモチーフ
B．ハート形
C．星形
D．胸につける大きなリボン
E．木製のペンダント
F．金色の太いブレスレット
G．鎖のブレスレット

★診断★
このテストでわかるのは…

## あの女性の恋の願望

**……Aを選んだ人は……**
不特定多数の男性と気楽につき合いたい。

**……Bを選んだ人は……**
男性にリードしてほしい。

**……Cを選んだ人は……**
自分の個性を理解してくれる人とつき合いたい。

**……Dを選んだ人は……**
誰か特定の人が現れてほしい。

**……Eを選んだ人は……**
男性が苦手だから、相手は女性でも……。

**……Fを選んだ人は……**
お金持ちと恋がしたい。

**……Gを選んだ人は……**
父親や兄に似た恋人がほしい。

# 5章
# イヤな相手をコントロールする方法

# 人を無能扱いする人は理詰めで線引きしろ

【評価】
［効　力］★★★
［禁断度］★★★

どんなに有能な人でも自分が一番かわいいと思うものだ。できれば自尊心を傷つけられたくないし、不都合なことからは逃れたいと思うだろう。

しかし、自己愛が強い人ほど責任転嫁の傾向があるからタチが悪い。たとえば、周囲の人間をやたらと無能呼ばわりするようなタイプがそれだ。

部下に対して「使えねえなあ」などと暴言を吐く上司がいたら、**その本人こそが使えない人間だと思って間違いない。**

こういう人は、自分に自信がないくせに**欠点を認めることができない**。だから、自分ができないことを責任転嫁し、他人のせいにしているのだ。

ハタから見れば滑稽だが、**本人にとっては精一杯の自己防衛**である。仮にこういう人間から「使えない」「能力が低い」などとダメ出しされても、あまり気にすることはない。

ただし、トラブルに発展しそうな責任転嫁であれば話は別だ。このタイプは**理詰めには弱い**ので、「それは自分のせいではない」と主張して、徹底的に線引きしたほうが身のためだろう。

Devil's psychology techniques

# ルールを無視する不届き者には「漏れ聞かせ」でささやけ

【評価】
【効　力】★★★★
【禁断度】★★★

収集日以外にゴミを出す、犬のフンを放置するなど、ルールを守らない困った人はどこにでもいるものだ。

でも、だからといって正面切って「やめてください」なんどと言えば角が立つし、エスカレートすると逆恨みされかねない。

そんな困った人を更生させるのに便利なのが、「漏れ聞かせ」テクニックである。**本人にルール違反をしていることなどまったく知らないフリをして聞いてみる**のだ。「最近、収集日以外に生ゴミを出す人がいるでしょう、知ってます？」「犬のフンを玄関先に置いたままにしていく人って、ほんと何考えてるんでしょうね」といった具合だ。

ちなみに、**低い声でほかの人に聞こえないようにささやくのがコツ**である。

# やっかいなクレーマーは「逆質問」でかわせ

【評価】
［効　力］★★★
［禁断度］★★

レストランで注文していない料理が出てきただけで「店長を呼べ！」、少しぞんざいに扱われただけで「オレを誰だと思ってるんだ！」と叫ぶようなクレーマーは、ふだんから**不満の塊**だといっていい。そんな威圧的なやっかい者に遭遇してしまった時は、**「反同調行動（ディスペーシング）」**で対応することだ。

たとえば、「どうしてくれるつもりだ！」などと威嚇されて、ペコペコと萎縮して謝るのは同調することになる。そうではなく、「では、どうしてほしいと思っていらっしゃるのか、**具体的におっしゃってください**」と逆に冷静に質問をするのだ。

すると、おそらく相手は「そんなこともわからないのか！」と返してくるはずだ。そうすれば「申し訳ありませんがわかりかねます。具体的にお願いします」と、これまた淡々と答える。

そこまで冷静な態度に出られると、相手もここでうかつに金品を要求すれば恐喝で訴えられるだろうと判断できるはずだ。

しつこく〝逆質問〟を重ねれば、どんなに強面《こわもて》のクレーマーでも捨てゼリフを吐いて去っていくに違いない。

# 「かまってちゃん」タイプは口グセをコピーすれば静かになる

【評価】
［効　力］★★★★
［禁断度］★★

自分の話をきちんと聞いてくれる相手には、誰だって好意を持つものだ。

しかし、だからといって相手の興味のあるなしにかかわらず、「聞いて聞いて」とばかりに自分の話ばかりをするのは感心しない。しかも、こういう人に限って「はいはい」と軽くあしらうと機嫌を損ねたりするから手に負えなかったりする。いわゆる**「かまってちゃん」**タイプの恋人がいる人には、心当たりがあるのではないだろうか。

こんな時は、**相手の表情や口調を真似すると相手のペースを一気に乱すことができる。**

「昨日、すごいことがあったんだ」ときたら「へー、昨日すごいことがあったんだ！」と同じ表情で返し、「私の気持ち、わかるでしょ？」ときたら「私の気持ち、わかるでしょって、どういうこと？」と同じ口ぶりで返すのである。

こうなると相手は拍子抜けして、意外なほど黙ってしまう。それに、多少空気の読める相手なら、**自分のトークが暴走していることに気づく**はずである。

ただし、一歩間違ってバカにした態度をとると相手を怒らせることもある。また、いくら「かまってちゃん」タイプだからといって、上司など立場が上の人にやることではないのでご注意を。

# 頑固オヤジタイプの上司には たっぷりと語らせろ

【評価】
【効　力】★★★
【禁断度】★★

自分がいったんこうと決めたら、何があっても譲らない頑固オヤジのような上司に自分の意見をのませたかったら、まずは自然な会話から入っていくことだ。

たとえば、今までのやり方を効率のいい方法に改善しようとしてストレートに自分の意見をぶつけたところで、「変える必要はない」などとすげなく却下されてしまうのがオチだろう。

だが、「○○についていろいろ考えてみたんですが……」などと相談するフリをしながら話しかけ、**上司の意見をたっぷりと聞いたあとで本題に入れば、相手もさすがにむげにはできない。**

「たしかに、そういう考え方もあるな」などと、自然と心を開いてくれるようになるのだ。

一般的に、頑固オヤジタイプというのは**形式を重んずる保守的なタイプ**が多く、上下関係などにも厳しい。

だからそのあたりを尊重しつつ、多少は時間がかかっても粘り強く、**立てるところは立てつき合えば、それほど難しい相手ではない**のである。

# ヤル気のない人は「やるな」で動かせる

Devil's psychology techniques

【評価】
［効　力］★★★★
［禁断度］★★★

今ひとつヤル気が見えてこない部下には、とりあえずゲキを飛ばして尻を叩くのが得策だと考えている人が多いが、それは勘違いだ。ヤル気のない相手には、むしろ「やらなくていい」というスタンスをとるのが正解である。

たとえば、医者に「酒は控えるように」と忠告されればよけいに飲みたくなるように、人間には**禁じられているものほど手を出したくなる**という心理が存在する。

つまり、この心理を**逆手にとる**のである。

ヤル気を見せない相手には、「キミはこの仕事はやらなくていいから」とか「大変だったらプロジェクトのメンバーからはずれていいよ」などと**あえて突き放してみよう**。

意外と慌てふためいて発奮するかもしれない。

Devil's psychology techniques

# 同じ話を繰り返す人は「この前の話？・」で切り抜けられる

【評価】
［効　力］★★★★
［禁断度］★★

いい話にせよ悪い話にせよ、同じ話を何度も繰り返す人には辟易《へきえき》してしまうことも多い。「その話、何度も聞いてます」と言いたいところだが、角が立つのでそうもいかなかったりする。

しかも、本人にはまったく悪気はないので、適当にあしらったり、話をさえぎったりしたらかえって腹を立てられることもあるのでやっかいだ。

相手の気を悪くせずに対処するには、「あ、**この前の話**の続きですね」とか「**この前**とは切り口が違うんですね」と**くさびを打つ**ことだ。

すると、相手は「すでに話したことがある」ということを認識して冷静になり、話の切り口を変えたり、短くしたりするはずだ。

また、同じ話を何度もするのは、そのことが頭から離れない、**純粋に聞いてほしいという気持ちの表れ**なのだということもあわせて覚えておこう。時間と気持ちに余裕がある時には、聞いてあげてもいいかもしれない。

# 人の話に水を差す人には結果だけを伝えろ

【評価】
［効　力］★★★
［禁断度］★★

他人の話を理解しようとする時は、人によってさまざまな特徴があるものだ。

まず全体像をざっくりつかんで理解したい人、細かいやり取りや会話など具体的な経緯をすべて聞かないと気がすまない人、ことのきっかけにやたらにこだわる人、とにかく結論だけを聞きたい人など、とにかく多種多様だ。

この中でも特に周囲から人間性を疑われやすいのが**結論だけを聞きたい人**である。

人間の思考にはさまざまな個性があり、過程を逐一説明されてもいっこうに頭に入ってこないタイプもいる。結論だけを聞きたい人はまさにコレで、何がどうしてこうなったかという話に耳を傾けているうちに**頭の中で整理ができなくなる**ために結論を急ぎたがるのだ。

そうすると、つい「で、何が言いたいの？」とか「それで結論は？」と話に水を差すような言葉を吐いてしまうのだ。

言われたほうにしてみれば「そんな言い方しなくたって」と反発したくなるが、周囲が思うほど本人は悪いことだと思っていないので、食ってかかっても嫌な思いをするだけだ。

こういう人には**淡々と結論だけを伝える**よう、自衛するに限る。

# 話が脱線する人と話す時は ボディランゲージで注意を引きつけろ

【評価】
［効　力］★★★★★
［禁断度］★

話題が豊富といえば聞こえはいいのだが、話があちこちに飛んでしまい、いっこうに結論にたどりつかない人がいる。それどころかいつの間にか論点がすり替わってしまい、まったく違う話になっているということもある。

「話に出た飲み会のことだけどさ、いつにしようか。場所は銀座か品川あたり？　そうそう銀座といえば、この前行った時に○○に会ってさ、新しい彼女と一緒だったんだよ、知ってた？」などと、猫の目のように話が変わってしまい、いつの間にか脱線していってしまうのだ。

このタイプは自分の話に夢中になっているので、「で、飲み会の話はどうする？」とやんわりと**軌道修正しようとしてもまったく通じない**。

そこで、軽く肩に触れたり、大きいボディランゲージをして**いったんこちらに注意を引きつける**といい。そのうえで「**話が脱線してるよ**。まず、飲み会の話を決めようよ」というように、**話題を元に戻す**のだ。

相手のペースに巻き込まれないように気をつけながら話の主導権を握っておけば、どうにか結論にたどりつくことができるはずだ。

Devil's psychology techniques

# 誘いをやんわり断るには「イエス・バット法」が効果的

【評価】
［効　力］★★★
［禁断度］★★

気乗りがしない相手から「飲みに行こう」と誘われた時、波風を立てずにやんわりと断れる方法がある。それが、「イエス・バット法」だ。

どうすればいいかというと、まずは「飲みですか、いいですね！」と、**相手の意見に賛同する姿勢を示す**。

それから、おもむろに「ですが、最近、どうも胃の具合が悪くて……。今回は遠慮しておきます」と、誘いを断るのだ。

頭から「行けません」の一点張りでは、相手も気分を害してしまう。だが、イエス・バット法なら最初に誘ったことを肯定されているから、そのあとに**理由をつけて断られても相手はさほど嫌な気がしない**のである。

# いつもの自慢話が始まったら ひと言ほめて退散すべし

**【評価】**
［効　力］★★★
［禁断度］★★★

できそうもないのに大風呂敷を広げたり自慢話をするのは、本人は気持ちいいだろうが、聞かされる側としてはうっとうしくてたまらない。しかしその相手が上司だったりすれば、スルーするわけにもいかないだろう。

この手の話題から一刻も早く逃げ出すには、とにかくほめちぎることだ。

こういう人は自分に注目してほしいとか、**他人から認められたいという欲求を抱えていることが多い**。言い換えれば、**名誉欲の塊**なのだ。

すごい、素晴らしい、ピカイチなどとほめ言葉は何でもいいが、**心から感動をしているフリを忘れない**ようにすれば、これだけで相手の自尊心は満足させられる。

ただし、ほめすぎは逆効果になる。のべつ幕なしにほめまくっていると、さらに調子に乗ってしまい、延々とおしゃべりにつき合わされる羽目になりかねない。

**ひと言ほめたらさっと離れる**。これが鉄則である。

Devil's psychology techniques

# 思い込みが激しい人は共感してから盲点を突け

【評価】
［効　力］★★★
［禁断度］★★

思い込みが激しくて、いったんこうだと思ったら自分の意見を一方的に押しつけてくる人がいる。こういう人に下手に反論しようものなら大変だ。身を震わさんばかりに怒って自分の意見をまくしたててくるのがオチだからだ。

とはいえ、そんな相手に反論しなくてはならない時もある。そういう場合に、どう対応すればいいかというと「盲点」を突くといい。

思い込みの激しい人は、自分の意見が絶対に正しいと信じていて、そのことばかりに固執している傾向が強い。結果として、**ほかの視点から物ごとが見えていないようになる**ため、思いもよらない角度から意見をすると意表を突かれて反論ができなくなるのだ。

ことを荒立てずに反論するポイントは、まず**相手の意見を尊重する態度を示す**ことだ。「なるほど！　たしかにあなたの意見はもっともだね」と、最初に共感しておいてから、やんわりと「でも、この問題点を見落としているよね」と**盲点を突いた指摘**をすると、感情的にならずにすむだろう。

# 嫌いな人を味方につけたい時は「暗示の力」を利用すればいい

【評価】
【効　力】★★★
【禁断度】★★★

気に入らない相手とは敵対するばかりが能ではない。たとえ嫌いな相手でも、自分にとって利用できる人間はいくらでもいるからだ。

しかし、たいていの場合、自分が嫌いな相手は自分のことも嫌っている。そこで、そんな人を味方につける時に役立つのが、「暗示の力」である。

より効果的に暗示をかけるためには、**相手にとっての権威者**を利用したい。

人は自分より優れていたり、社会的地位の高い人の言葉を簡単に信じてしまう傾向がある。

たとえば、**上司や年長者に根回しして自分のことをほめてもらうといい。**

すると「周囲からの高い評価」を受けたという暗示にかかり、いつのまにか相手の態度が変わってくるはずだ。

暗示の力はあなどれない。「ただの水が薬になってしまう」という「プラシーボ（偽薬）効果」のように、**時には人間の身体にまで影響を与えてしまう**のだ。人の心を操ることなどたやすいといえるかもしれない。

# 目を合わせるのがイヤなら相手と並んで座れ

【評価】
［効　力］★★★
［禁断度］★★

話をする時は相手の目を見るのが大原則だが、それがわかっていてもできない人がいる。なかには、視線を合わせる行為が**「敵視」**や**「凝視」**につながることを恐れて、あえて外している人もいるほどだ。

しかし、目を見て話すのが当たり前と考えている人にとっては、相手が無意識であれ、意図的であれ、気分のいいものではない。

そこでもし、目をそらすタイプと出くわしたら、ベンチやカウンターのように並んで座れる場所で話ができるようにするといい。

**横並びなら視線が合わないのは当然**なのでストレスも溜まらないし、**相手もリラックスして話せる**ので一石二鳥だ。

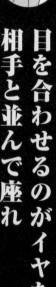

# カラ威張りする人には歯の浮くようなお世辞が効く

【評価】
【効　力】★★★
【禁断度】★★★★★

たいした実力もないのにエラそうな態度をとることをカラ威張りというが、威張ることが骨の髄まで染みついてしまっている人は、他人から「いったい何様!?」と非難されていることなど気づかない。なぜなら誰が何と言おうとも、自分はそれだけの価値があるエライ人間だと信じて疑わないからだ。

こういう相手に対して「高慢なヤツだ……」という態度で接すると、ますます威圧的になるばかりか、「あいつは私にこんな態度をとった」と、話をふくらませてあちこちで言いふらされてしまうだけである。まさに、さわらぬ神ならぬ、**さわらぬ悪魔に祟りなし**なのだが、どうしてもつき合っていかねばならない時には「ほめ殺し作戦」でいくしかない。

顔を合わせた瞬間から別れるまで、「今日も素敵なスーツですねぇ!」「いや、さすが目のつけどころが違います!」などと、次々と**歯の浮くようなお世辞でほめまくる**のである。

「お前、バカにしてるのか?」と少々疑われようとも、ほめることに徹した姿勢は最後まで崩さないことがポイントだ。**カラ威張りする人は本能的にほめられることが好き**なのだから、こうしてほめ続けていればあなたのことをけっして邪険には扱わないはずである。

# 早口でまくしたてる人は黙って聞いてあげるだけで喜ぶ

【評価】
［効　力］★★★
［禁断度］★★★

「立て板に水」といえば聞こえはいいが、自分の意見をまくしたてるように早口で話す人にはけおされてしまうことがある。ところが、一見雄弁にも思えるその態度の裏には、**小心で自信のない性格が隠されている**ことがある。

相手が口を挟む余地もないほどの勢いで話すのは、「誰かに異論を述べられたら、切り返す自信がない」という気持ちがあるからだ。

しかも、「自分の意見がどう受け止められるか」ということが気になってしまい、**相手の反応が怖くてしかたがない**。そのために、自分の意見を一気にまくし立ててしまおうとして早口になるのである。

そこで、**話しているのを途中でさえぎってみるとかなりのプレッシャーを与えることができる**。

逆に、円滑に話を進めたい時には、とりあえず最後まで話を聞いてあげるといい。聞いてもらうことで自尊心が守られて満足するからだ。しかも、**受け入れてもらえたという安心感で、聞き手に好感を抱いてくれる**。そのうえで、自分の意見を言えばいいのだ。

Devil's psychology techniques

# 嫌味を言うヤツとつき合う時は まず身辺情報を洗い出せ

【評価】
［効　力］★★
［禁断度］★★

『ドラえもん』でいうところの骨川スネ夫のような、嫌味なヤツというのはどこにでもいるものだ。人の失敗を尻目に「そんなこともできないんだ」などとほくそ笑んでみたり、自分の手柄を自慢しながら「ま、キミたちにはどうせ無理だと思うけどね」などと言ったりする。とにかく、そのひと言にムカッとくるタイプである。

このような輩とうまくやっていくためには、まず**相手の身辺情報を集めてみる**ことだ。出身地や生年月日、趣味、好きな芸能人のタイプ、好きな音楽、苦手なもの、家族構成、友人関係、足のサイズ、愛車などなど、とにかく細部にわたって情報を集めるのである。

すると、今までは単に「嫌なヤツ」だったのが、いつの間にか**「嫌だけど興味のあるヤツ」**に変化してくる。

これは、**相手のことを知れば知るほど親近感が増す**という心理が働くからだ。

どうせつき合わなくてはならないのだったら、イヤイヤ顔を合わせるよりも多少なりとも相手に興味を持ってつき合ったほうが楽しいものだ。

Devil's psychology techniques

# 後傾姿勢になるだけで嫌悪感をアピールできる

【評価】
［効　力］★★★
［禁断度］★★★

心の中で「あの人は嫌いだ」と思っていても、自分さえそのことを口にしなければ誰にも気づかれないと思ってはいないだろうか。だが、**感情は黙っていても行動やしぐさに表れる**。

たとえば、2人でベンチに隣り合わせで座っている時、顔はこっちを向いているのに、ひざは反対側を向いていたらよそよそしさを感じるものだ。

向かい合わせで座っている場合でも、相手に好意を抱いていれば前のめりの姿勢になって話をするし、嫌悪感を持っていればふんぞり返った「後傾姿勢」になるはずだ。

つまり、距離を置きたい相手に対してはちょっと大げさなくらい後傾姿勢をとれば、**わざわざ口に出さずとも拒否の気持ちを臭わすことができる**のである。

# 人格を無視して同調すれば嫌いな相手との距離が縮まる

【評価】
［効　力］★★★★
［禁断度］★★★

人を嫌いになったり、どうしても苦手だと感じるのには、言葉ではどうにも説明できない心の動きが関わっている。だからといって、大人になれば「嫌いなものは、キライ！」などと言っていられないものだ。特に、その相手が得意先の担当者だったりすると、嫌いという気持ちを封印してでも上手につき合っていかなければならない。

でも、だからといって無理矢理自分の心にフタをしてつくり笑いをしていたら、そのうちに体の中にマグマが溜まってきて、何かをきっかけに**一気に噴出してしまいかねない。**

そんな取り返しのつかない状況に陥らないためには、相手の言い分に同調してみることだ。嫌いな相手だからといって、何でもかんでも「それは違う」などと反論していたらよけいにマグマが溜まる一方だ。

だが、その人の意見や言い分に同意したり、受け入れる姿勢を見せたりしていると、相手は「意見が合うヤツだ」と距離を縮めてくる。そうすれば、**互いに好感を持っているような錯覚に陥る**のだ。この際、相手の人格は関係ない。できるだけストレスを少なくしてつき合うためには、このような**錯覚を使うのもひとつの手**なのである。

# 信用できなさそうな相手にはハッタリをかましてみろ

【評価】
［効　力］★★★
［禁断度］★★★★

「この人の言うことは本当に信用してもいいのか。じつは、本心をしゃべっていないのではないか……」という疑問が湧いた時に確かめてみる方法がある。**〝ハッタリ〟をかましてみる**のだ。

たとえば、「あの提案、僕はとってもいいと思うんだよ。でもね、昨日、社長に見せたら却下されちゃって……。もっと他にいい案を出してくれるとうれしいんだけど」などと遠回しにノーを突きつけられて、「本当に社長まで上がったのだろうか？　もしかして、途中でひねりつぶしたのでは……」と疑念が湧いてきたとしよう。

そんな時はすかさず、「あれ、社長って昨日は出張じゃなかったでしたっけ？」とかましてみるのだ。もし社長が却下したのが本当なら、「いや、昨日はいたよ」と答えてくれるはずだ。だが、それが**ウソだったらしどろもどろになるに違いない**。

そのうろたえた態度をしっかりと確認したら、「あれ？　やっぱり昨日じゃなかったかも」と訂正して、平然とその場を去ってしまえばいい。たっぷりと冷や汗をかいた相手は、もうあなたにはヘタなウソはつくまいと肝に銘じるはずだ。

# あやしい勧誘には思考をシャットアウトせよ

【評価】
［効　力］★★★★
［禁断度］★★

ある日突然、「オイシイ儲け話があるんだけど……」などと、昔の知り合いから連絡が入ることがある。

話を聞けばいかにもあやしげなニオイがプンプンしていていて、「これは絶対にワナだ」とわかるので、誰もそんな話には乗らないだろうと思うのだが、実際には引っかかる人はけっこう多い。

これは、心理学でいうところの**「催眠効果」**に操られているからだ。

催眠効果とは、何度も繰り返して「これはいい話だよ」「今がチャンスだ」などと言い寄られると、その情報が頭から離れなくなり、時間の経過とともに「もしかして、あの情報は正しいのではないか」と思い込んでしまうことだ。

この世にそんなうまい話などない、絶対にこれはサギだと最初は冷静に拒絶していても、**いったん記憶に刷り込まれるといつの間にか拒絶感が薄れてしまう**のである。

すると、「でも、私は興味ないから」と口では拒否しながらも、「あの人が言うんだから本当なのかも」と気になってしかたがなくなる。

そこに、また「チャンスだよ」とささやかれると、今度はコロッと引っかかってしまうのである。

だから、いかにもあやしげな儲け話を聞かされることになったら、とにかく刷り込みをされないように**思考をシャットアウトする**ことだ。

電話だったら聞いているふりをして受話器を遠ざけておいたり、直接会って話を聞くことになった場合はまったく無関係なことを必死で考えて情報を頭に入れないことである。

真剣になって一から十まで聞いてしまうと、一人になった時に催眠効果にかかってしまい、反すうして納得しようとしてしまうのだ。

相手の思うツボにはまりたくなかったら、無視するのが一番なのである。

# 著名人の肩書きを借りれば リアリティと説得力がアップする

【評価】
［効　力］★★★
［禁断度］★★★

裏づけのある言葉とない言葉、どちらが説得力を持つかはいうまでもない。裏づけとしては数字や調査結果などがよく用いられるが、肩書きも重要なファクターになりうる。

これは**「ハロー効果」**と呼ばれる心理法則で、**地位や身分といった肩書きには人の感情まで左右してしまう力がある**のだ。

たとえば、話の中に「経済学者の○○によれば……」とか「××大学△△教授の研究では……」というフレーズを挟み込むだけで、発言にリアリティと説得力が増してくる。つまり、**人のふんどしで相撲をとらせてもらう**わけだ。

引き合いに出すのは、相手が一目置いている人物であることが望ましい。すると、なぜかその意見が正しいかのような気分になってしまうのである。ここでグッと心をつかんでしまえば、説得は半分以上成功したといえる。

専門家や地位が高い人物はもちろん、相手が好きな作家や芸能人の言葉を借りてもかまわない。とにかく、「その人が言っているなら間違いないだろう」と思わせてしまえばいいのだ。

# 嫌われずに断るには「部分回避」をするだけでいい

【評価】
［効　力］★★★
［禁断度］★★★

「ノー」という意思を伝える際には意外と気を使うものだ。「できません」「無理です」と、きっぱり言い切れれば話は早いものの、相手の気分を害してしまうのではないかという心配があるからだ。

不快感を与えずに責任を回避するには、一部分だけ同意して結果的には拒否するやり方がスマートである。

「引き受けたい気持ちはあるんだけれど、その分野には疎いから迷惑をかけてしまうと思う」――こんなふうに**要求自体には同意していると見せかける**のだ。そうすると、相手もそれ以上は強く言えなくなってしまうのである。ちなみに、「拒絶する部分」には**自分が関わるとマイナスになるといったニュアンスを漂わせるといっそう効果的**である。

もっとも、必ずしも相手が納得してくれるとは限らない。いつも言い訳ばかりして責任回避をしていると、頼りがいのないヤツというレッテルを貼られかねない。

また、こうやって断る人に無理強いするのは禁物だ。仮に失敗した時には、「だから無理だって言ったじゃないか」と、逆に責任を押しつけられることがあるのでご注意を。

# ヘソ曲がりの仕切り屋は うまくおだてて利用しろ

【評価】
【効　力】★★★
【禁断度】★★★★

誰も頼んでいないのにその場を仕切り始め、勝手にあれこれ決めようとする「仕切り屋」はどの集団にも一人はいるものだ。

周囲が「出しゃばりな人だ」と辟易していても、本人はどこ吹く風でどんどん物ごとを進めていこうとする。

こういう人には、**反発せずに仕切らせておくのが無難**である。というのも、このタイプは**自尊心が高い**ので、反発しようものならヘソを曲げて協力してくれなくなるからだ。

それならば、多少うっとうしくても、表面上では相手の好きなように仕切らせておくほうが万事スムースに進むというものだ。

うまくおだてさえすれば誰もやりたがらないような面倒なことを引き受けてくれることもある。考えようによっては、**都合のいい人物**ともいえるのだ。

ただ、あまりにやりたい放題にしているような時は、「順調にいっているようだけど、問題ない？」などと念を押すことをお忘れなく。

# 白黒をはっきりさせたい人にはキッパリ自己主張せよ

【評価】
［効　力］★★★
［禁断度］★★

日本人は自分の意見をハッキリ言わない人のほうが圧倒的に多いが、なかには何かにつけて白黒をつけないと気がすまない人もいる。こういう人は周囲にも「白か黒か」「イエスかノーか」を強引に求めてきたりする。

だが、このタイプはこちらの対応しだいでは意外と扱いやすい。白黒をつけたがる人は、文字通り、**自分や相手の態度をハッキリとさせたいだけ**だからだ。だから、こちらも「私はノーです!」と**きっぱり自己主張をすればいい**。たとえ、意見が食い違っても、率直に意思表示をする態度にかえって好感を持たれるはずだ。

一方で、いつまでも曖昧な態度をとり続けていると、優柔不断なヤツだと見下されてしまいかねない。早い段階で自分の意見をハッキリ示しておくことが肝心だ。

# 自分の意見を聞き入れさせるには「あなたって〜だよね」と決めつけろ

**【評価】**
［効　力］★★★★
［禁断度］★★★★

自分の意見を聞き入れてもらいたい時には、強硬に主張するばかりではかえって反発を招くことがある。

それよりはむしろ、まず相手の心に受け入れやすい土台をつくってしまうほうが手っ取り早い。

それには**占い師のテクニック**が役に立つ。相手の一部分を切り離して「あなたって〜だよね」と**柔らかい物腰で決めつけてしまう**のだ。

いつもがんばっている、我慢していることも多い、何に対しても真剣だ……などと、取り上げる部分は何でもかまわない。

この方法のコツは、**誰にでも当てはまるような内容をチョイスする**ことだ。こういう当たり障りのない指摘には、どんな人でもひとつや二つは思い当たるふしがあるものだ。

そうすると、言われたほうは自分をわかってくれていると勝手に思い込んでしまい、あなたに心を開いてくれるのである。

占い師は巧みな話術を駆使するせいもあり、相談者は他愛のない内容を聞かされても「よく当たる！」と感動してしまうわけだ。

とはいえ、どんな話題を持ち出しても、「そんなことはない」と否定されることもある。

そこで、それをさらに否定するのは相手の気持ちを逆なでするだけだ。

その場合は**「自分でも気づかないほど○○なんだ」**とたたみかけるといい。

つまり、「〜をしていることに気づかない自分」と「本当は〜な自分」に切り離し、相手を煙に巻いてしまうのである。

この言い方なら、どこにも否定される要素はないことになる。しかも、**自分で気づいていないという前提があるので、即座に違うともいい切れない。**

何となく自分の言い分を認められたような気になってしまうため、あなたの意見も聞こうという気分になるのだ。

# 八方美人には
# やさしく強引に結論を迫れ

【評価】
［効　力］★★★
［禁断度］★★

他人の意見に異を唱えない人は一見協調性が高いように見えるが、それも程度の問題である。誰にでもいい顔をする八方美人となると、少々やっかいだと言わざるを得ない。彼らは周囲から嫌われたくないばかりに、自分の意思をなかなか表に出さないからだ。

ある意見に賛成したかと思えば、別の意見にもいいねと頷く。これでは物ごとはいつまで経っても決定できない。こういう人には**多少強引でも、「これでいいよね」と結論を迫るのがいい**。そのあとで、「でも、異論があるなら今のうちに言ってくれないか。フォローするから」とつけ加えるのだ。

優柔不断な人でも、こうして背中を押されると自分の意見が言いやすくなるはずである。その際、たしかにイライラするのもわかるが、**あくまでもやさしく諭《さと》すのがポイント**だ。

また、このタイプは何でも引き受けてオーバーワークになり、結局はどれもこれも中途半端になってしまう傾向がある。八方美人の頭の中には、断るという発想がないのである。

そこで、「忙しいなら、断ったほうがいいよ。これはほかの人でも大丈夫だから」とアドバイスをしてあげると、無用なトラブルを招かずにすむはずだ。

# おカタい超常識人は〝タガ〟を外すとノリノリになる

【評価】
【効　力】★★★
【禁断度】★★

一次会の盛り上がりのままカラオケに流れたはいいが、いざ席についてみると「誰が1曲目を歌うか」をめぐって、妙によそよそしい空気が流れたりする。

そんな時、「どうぞ、どうぞ」とマイクを勧められても絶対に断る人がいる。「いやいや、そちらこそ、どうぞ、どうぞ」などと言いながら、手でマイクを押し戻す人である。

こういうタイプはけっして歌が苦手なわけではない。それよりもむしろ、マイクを離さずに熱唱するタイプだったりするのだ。

だが、「人に何かを勧められたらとりあえず遠慮するものだ」という**〝昭和の親の教え〟**がしっかりと根づいていて、**人を差し置いてまで自分が先陣を切るなど失礼なことだと思っている**。本当は歌いたいけれど、「ハイ、歌います！」などとは絶対に言わないし、自分にマイクが回ってくるのをジッとおとなしく待っていることしかできないのだ。

こんな真面目な人がいたら、とりあえずタガを外してあげることだ。まわりがノリノリで盛り上げれば、かたくなに閉じ込められていた**人間の快楽原理の源**である**「イド」**が顔を出して、楽しくなってくるはずである。

# ケチなカタブツは強引に遊ばせれば開花する

【評価】
【効　力】★★★
【禁断度】★★

ケチでカタブツといえば、つき合いにくい輩の典型である。仕事が終わったからといってパーッと飲みに行くわけでもなく、もちろん女遊びなどとんでもない。給料日であっても同僚の誘いなど耳も貸さずに、さっさと家路につくタイプだ。

だが、どんなに真面目で保守的な人間でも、まったく欲望がないわけではない。ましてや、インターネットでちょっと検索してみれば欲望を刺激する情報のオンパレードという世の中である。興味津々ではあるが、自分のお金を使うのはもったいないというのが本音だろう。

そこで、このタイプを思いのままに動かしたかったら力ワザが必要になる。強引にでもその手の店に連れ込んで、**とにもかくにも〝とりあえず体験〟してもらう**のである。

いままで妄想でしかなかった世界にいったん入り込んでしまえば、どんなカタブツももう抗うことはできない。今まで我慢していたぶん、**一気に開花してしまう**ことは間違いなしだ。

そして、そんな世界を教えてくれた人にはもう頭が上がらないはずである。

# マイペースな人を操るには自立心を逆手にとればいい

【評価】
［効　力］★★★
［禁断度］★★★

マイペースな人は集団の中ではちょっと困った存在だ。個人プレーが得意なので、仲間と協力してやっていこうという気がないからである。こういう輩が一人混ざっているだけで、チームの和が乱れてしまいかねない。

こんなタイプには周囲と合わせることを強要するより、その**自立心を逆利用したほうが得策**だ。

作業の内容や量、期限などの大枠を指示して、あとは本人の裁量に任せてしまうのである。この時、**どの部分までその人に責任があるかも明確にしておくといい**。

具体的な行動は自分で決定できる状況になれば、俄然やる気を出して取り組むだろう。

ちなみに、好き嫌いよりも損得を重視する傾向も強いので、ご褒美を用意しておくのも手である。

# 貧乏ネタには笑ってつき合ってやれ

**【評価】**
［効　力］★★★
［禁断度］★★

いくつになっても貧乏ネタで笑いをとろうとする人がたまにいる。

「しょっちゅう水道を止められるから、大雪が降ったらいっぱい貯めておくんだ」「給料日までランチは公園の水飲み場だ」などなど……。

もしも親が聞いていたら、「情けない！」とキレてしまいかねないようなことをいい年をして平気で言うのである。

だが、肉親でもない限り、貧乏ネタを振りまく人に**小言を言う必要はない**。もし、それ以上聞きたくなかったら、「同調笑い」で軽くいなしてしまえばいい。

自虐ネタを口にする人は、もちろん**笑いをとることを前提にしゃべっている**ので、本人も笑っている。その笑いに**調子を合わせてあげる**のだ。

ネタなのだから笑ってもらえれば満足する。間違っても、ため息をつきながら「みじめだね」なんて言ってしまうと、「じゃあ、これはどう？」と言わんばかりにさらなる貧乏ネタを聞かされることになるので注意したい。

# 仕事人間と仕事をするなら本人の趣味をリサーチせよ

【評価】
［効　力］★★★
［禁断度］★★

自他ともに仕事に厳しいと評価される人と一緒に仕事をするのは、仕事がうまく運んでいる時はいいが、いったんつまずき始めると大変なことになる。何しろ、根が真面目でガンコ一徹だから、「お前なんぞとは一緒に仕事はできん！」とばかりにつっけんどんに扱われて、まったく仕事が進まなくなってしまったりするからだ。

そこで、どうにか関係を修復しようと「いや〜、最近いかがですか？」などと話しかけたところで、「何が？」とにべもない。このようなドツボにはまってしまった時はどうすればいいのだろうか。

それには、まず相手についてリサーチすることである。こういう手合いに多いのが、**「それについてはひと言いわずにいられない」というジャンル**を持っていることだ。

たとえば、スポーツや趣味などの分野で玄人はだしの腕や見識を持っていたりする。いわば、**得意分野**である。

それがわかれば、さりげなく話題をその〝十八番《おはこ》〟の分野に振ってみるのだ。すると、まるでプロの解説者のように滔々《とうとう》と語り始めるに違いない。

こうしてこじ開けた心の扉が閉じられないうちに、仕事の話に持ち込んでいくのである。

# 下ネタを連発する男には無視を決め込め

【評価】
［効　力］★★★★
［禁断度］★★

どんなに世間でセクハラ問題が話題になっていようとも、相変わらず聞くに堪えない下品なことばかりを口にしている男はいるものである。特に酒の席となれば、勝手に無礼講と決めつけて若い女性のそばに近づき、放送禁止用語まで連発したりする。

このような男は、ただのスケベではない。精神的には、**露出狂と同じ変質者**でもある。

露出狂は自分の裸を道行く女性にさらして「キャー」と驚く姿を見て興奮するが、エッチな話を平気でする男もこれと同じで、聞いている女性が嫌な顔をしたり、恥ずかしそうにしているのを見て勝手に興奮しているのだ。

これは、裏返せば**自分が男性としての魅力に欠けているというコンプレックスの表れ**でもある。ふつうに接していても女性にモテない、自分になびかない。だったら、相手が確実に反応する下ネタで近づいてやろうと思うのだ。つまりは、ふつうのトキメキをあきらめた**哀れなオジサン**といっていいかもしれない。

このようなセクハラおやじは**無視をするのが一番**だが、それでもしつこく近づいてくるようなら、会社の上司に訴えるなどして〝社会的制裁〟を受けてもらうよりほかないだろう。

Devil's psychology techniques

# 自分を下の名前で呼ぶ女には クールにガードするべし

【評価】
［効　力］★★★★
［禁断度］★★

いい年をしているのに、たまにいるのが自分のことを名前で呼ぶ女性だ。「ヨウコはね」「それ、カオリのだよ」と、小学校低学年くらいまでの会話ならまだ自然でかわいいが、大人になってもまだ口走っているようなら、**子どもっぽい自己中心主義者**かもしれない。

子どもが自分の名前で呼んでいても、成長するといつの間にか「私」などに切り替わる。切り替わらないのは、甘えたいという気持ちが抜けきらず、**「自分は小さくて弱い存在だから守られたい」**という意識の表れなのだ。

しっかり者がこのタイプに気を許してしまうと、何かと頼られて面倒を見るハメになりかねない。〝保護者役〟にされたくなかったら、常にクールな大人の対応でガードするしかないのである。

# 細かすぎる夫には〝天然妻〟を演じろ

【評価】
［効　力］★★★
［禁断度］★★

仕事ができて身だしなみもきちんとしている夫は、一緒に出歩いたりするぶんにはいいが、家にいると口うるさい存在でもあったりする。

「ホコリが溜まっている！」「部屋を片づけろ！」「洗濯物を干す時は、叩いてシワをのばせ！」

とにかく、細かい部分にまで目が行き届くものだから、妻に対する要求も厳しい。**一日一緒にいるだけでドッと疲れるタイプ**でもある。

そんなうるさ型の夫を黙らせるためには、夫の満足する水準まで家事を行き届かせることが一番だが、実際にそんなことをしていたら身が持たない。かくなるうえは**〝天然妻〟**を演じるしかない。

夫の家事チェックが始まったら、「ごめんね～」と無邪気にニコニコ笑顔で応対し、片づけている途中で「うわ、これ懐かしいね」などと手を止める。

そんなモタモタする妻にしびれを切らして、「もう俺がやる！」となったらラッキーだ。妻が心の中で舌を出していることも知らずに、キビキビと掃除や片づけをこなしてくれるはずである。

Devil's psychology techniques

# 小言が絶えない妻には抵抗するな

【評価】
［効　力］★★★
［禁断度］★★

やさしい妻や子どもたちと楽しく暮らす家庭を夢見て結婚したのに、年月が経つにつれてそんな理想はガラガラと音を立てて崩れていく。1日中働いて帰ってきても、妻の口から出る言葉はお小言ばかり。そんな現実に疲れているお父さんも少なからずいるに違いない。

残念ながら、妻の小言はやめてくれと言ったところでやむことはない。「あなたがちゃんとしてくれればいいだけでしょ」と逆ギレされるのがオチである。

このようにガミガミとうるさい妻には、抵抗することなく**言われるがままに行動する**ことである。ガミガミが始まったら「はいはい、ごめんなさい」、「あ、失礼、失礼」などと言いながら素直に従ってしまったほうが小言は最小限に抑えられる。

また、そうやって妻に操縦されながら動いていると、家庭内では「負け犬効果」が表れてくる。これは、**人はか弱いほうに手を差し伸べたくなる**という心理的効果で、いつも言われっぱなしでかわいそうなお父さんに子どもたちから愛の手が差し伸べられるのである。

そこまで計算ずくなら、多少妻がうるさくても聞き流せるようになるだろう。

相手も自分も丸裸にする

# 禁断の心理テスト No.13

**Q. 夜中に鏡をのぞいていたら動物が映った。その動物は何？**

A．イヌ
B．ネコ
C．ゾウ
D．パンダ

★診断★
このテストでわかるのは…

## あの人のナルシスト度

**……Aを選んだ人は……**
まったく自分に自信がない。ナルシスト度はゼロ。

**……Bを選んだ人は……**
自分に恋しそうなほど自分が大好き。ナルシスト度は100%。

**……Cを選んだ人は……**
自分だけでなく周りにも認めてほしい。ナルシスト度は80%。

**……Dを選んだ人は……**
ふつうに自分に自信がある。ナルシスト度は50%。

相手も自分も丸裸にする

# 禁断の心理テスト No.14

**Q. 人を実際よりも魅力的に映す鏡がある。どんな形をしている？**

A. 丸
B. 四角
C. 三角
D. 楕円

**★診断★**
このテストでわかるのは…

## あの人の自信度

**……Aを選んだ人は……**
自信はないが、ほめられると自信が持てるタイプ。

**……Bを選んだ人は……**
外見よりも内面に自信があるタイプ。

**……Cを選んだ人は……**
あまり外見は気にしないタイプ。

**……Dを選んだ人は……**
容姿に自信があるタイプ。

相手も自分も丸裸にする

# 禁断の心理テスト No.15

## Q.寝ている時はどんな態勢？

A. 軽く足を曲げた横向き
B. 背中を丸めた胎児のような横向き
C. 仰向けで大の字
D. 手足を伸ばしてうつ伏せ
E. 手足を縮こまらせてうつ伏せ

★診断★
このテストでわかるのは…

## あの人のストレス度

**……Aを選んだ人は……**

精神状態が安定していてストレス度は低い。

**……Bを選んだ人は……**

精神的ストレスを抱えやすい。

**……Cを選んだ人は……**

他人の機微に疎いのでストレスゼロ。

**……Dを選んだ人は……**

几帳面で神経質なため、ストレスを溜めやすい。

**……Eを選んだ人は……**

かなり強いストレスを抱えていて不眠症気味。

# 6章 困った人の深層心理の読み方

# 酔った時に目がすわる人はストレスで爆発寸前

【評価】
［迷惑度］★★★
［警戒度］★★★★★

酒が入ってここぞとばかりに盛り上がっている集団の中に、ジッと一点を見つめて微動だにしない人を見つけたら、ちょっかいを出さないほうがいい。「ほら、もっと楽しもうよ」などと気安く声をかけたが最後、**今まで溜めに溜めていた不満をマシンガンのように連射してくる可能性がある**からだ。

飲むと目がすわる人というのは、ふだんはニコニコと愛想がいい人が多い。誰からも頼りにされて、好感度もバツグンだが、その心の内には人知れずどんどん不満が溜めこまれている。

たとえば会社の同僚に対しては「もっと、手早く仕事しろ!」「ムダ話が多すぎる!」「あの仕事はお前の手柄じゃない」などなど、出かかっているけれど**口には出せない不平不満が渦巻いている**のだ。

日常的にガス抜きをしていれば、そんなに溜めこむことはないのだが〝いい人〟にはそれができない。だから、アルコールが回ってくると突然、不満がどっと噴出してくるのだ。

目がすわっているのは、**言いたいことをギリギリのところで止めている証拠**だ。噴火する前に、お開きにしたほうが身のためだろう。

Devil's psychology techniques

# デスクに私物を並べるのはテリトリー意識が強い証拠

【評価】
［迷惑度］★★★
［警戒度］★★★

常識的に会社に持ち込んでいい私物といえば、マグカップや文房具くらいのものだろう。

にもかかわらず、自分の机の上に仕事とはまるで無関係の写真や大好きなキャラクターのフィギュア、ぬいぐるみなどの私物を置きまくって〝マイワールド〟を築いている社員はいないだろうか。

このタイプは、**相当に縄張り意識が強い**。つまり、自分のテリトリーを勝手に決めて、**自分の好みでそこに出入りできる人を〝選別〟している**のだ。

この手に嫌われると、犬が飼い主の家族に順位をつけるように低い順位をつけられて、どこまでもナメられる可能性がある。かといって媚びへつらうのも嫌なら、**できるだけ距離を置いてつき合うに限る**のだ。

# 自分探しを続ける人は自分を認めてくれる相手を探している

【評価】
［迷惑度］★★★
［警戒度］★★★★

この仕事は自分に向いていないとか、もっと自分のやりたいことを見つけたいなどといって、会社を辞めたり、転職を繰り返す人は少なからずいるものだ。

そして、子どもができると子育てに全力を注ぎ、夫の存在を忘れたかのようにふるまう妻もまた少なくない。

このふたつのタイプには、じつは共通している深層心理がある。それは、「**抑圧**」である。どちらも、**他者や社会から認められない不満を抑え込んでいる**のだ。

次々と仕事や居場所を変えるというのは、本人に言わせればいわば自分探しの旅なのだろうが、どれだけ場所を変えて自分を探しても、結局自分は自分の中にしかいないのだ。

この人がやっているのは、結局自分探しでも何でもなく、**自分を認めてくれる人や環境を探す旅**なのである。

一方で、過剰なほど子育てに夢中になる人というのも、同じように人から認められたいという欲求と闘っていることが多い。

新婚時代のように夫はかまってはくれないし、仕事と自分の趣味で家を空けてばかりで家のこ

とは自分に任せっぱなし……。

そんな喪失感を子どもに心血を注ぐことで埋めようとしているのである。夫に認められたいという潜在的な欲求が常にくすぶっているのだ。

もし、このような行動をする家族や友人がいたら、「自分探しなんて……」などといくらたしなめたところでらちはあかない。

それよりも、**抑圧している欲求を満たすものを差し出してみる**ことだ。

とはいえ、それはそんなに難しいものではない。まずは「あなたを認めている」「いつもがんばっているね」と**きちんと言葉にして態度で表す**のだ。

欲求を抑え込んでいる人は、自分でもそれに気づいていない場合が多い。だから、抑圧していることを自覚させることから始めてみたい。

# やたらと他人をほめる人はじつは敵意を抱いている

【評価】
［迷惑度］★★★
［警戒度］★★★★★

ほめられて嫌な気分になる人はいないだろうが、そのほめ言葉を真に受けていたらバカを見ることがある。

口を開けば「わあ、すごい」とか「センスがいいねえ」とほめ言葉ばかり口にする人の中には、社交辞令やお世辞を通り越して、**敵意や対抗心を抱いている人がいる**のだ。

自分にとって受け入れがたい感情を抱いた時、人間は正反対の言動をとってその感情を抑えようとする。これは心理学でいう**「反動形成」**という反応だ。

たとえば、強い嫉妬心を抱いた時、その感情を見破られまいと逆に相手をほめそやしたりする行為である。笑顔やほめ言葉とは裏腹に、**内心は相手に対する激しい憤りや闘争心でいっぱい**なのである。

表面的なほめ言葉に浮かれていると、足をすくわれることがある。疑り深くなりすぎるのも考えものだが、**ほめられた時ほど気を引き締めておく**くらいがちょうどいいかもしれない。

# いつも笑顔で話を聞くのは相手の怒りを買わないため

【評価】
［迷惑度］★★
［警戒度］★★★

いつも笑顔を絶やさずに相手の話に好意的に頷いてくれる人は、素直で優しい性格の人が多い。だが、なかには本来の性格はそうでないのに、強迫観念から無意識に笑顔になってしまっている人もいる。

たとえば、**ヒステリックな親**に育てられた子どもは、怒られないように親のご機嫌をとりながら育つ。また、学生時代に**いじめられた経験**のある人なども自然と相手の顔色を気にするようになり、それが大人になっても体に染みついて抜けなくなるという。

つまり、ニコニコと笑顔を絶やさないのは、**相手の怒りを買わないための防衛本能**というわけだ。だから、笑顔を振りまく必要がない相手には、とたんに無愛想になることもあったりする。

# 大声で電話をするのは自分を大きく見せたいから

【評価】
［迷惑度］★★★★
［警戒度］★★

携帯電話やスマートフォンが普及してから、街中や喫茶店などで電話で話をしているのは当たり前の光景になっている。たいていの人は周囲に気遣って小声で話しているが、なかにはこれ見よがしに大声で話す人もいる。

周囲の雑音で電話しにくい場合ならしかたがないともいえるが、静かな喫茶店などでもお構いなしに声を張り上げているようなら、それはその人が**周囲に自分をアピールしたいだけ**だと考えられる。

つまり、電話の内容を周囲に聞かせることで、自分には電話できる友人がこんなにいる、**自分はこんなにも人を使っていてエライのだということを知らしめたい**のである。

職場で必要以上に大声を出して電話をしている人も同様だ。自分はバリバリ仕事をしているのだということを、同じ職場の仲間にわざと見せつけるために大声を出していることがある。

こういう人たちは一見すると自信家のように見えるが、じつは逆の場合が多い。**自分に自信がなくて心に不安がある**から、それを隠すために「自分は楽しんでいる」とか「自分は仕事ができる」というふうに大げさに威張っているだけなのだ。

Devil's psychology techniques

# 独り言を言う人はがんばっている自分を認めてほしがっている

【評価】
［迷惑度］★★★
［警戒度］★★

一人で作業をしているはずなのに「ここの具合がよくないなぁ」とか「あと、これとこれをやれば終わり！」などと、ブツブツと独り言を言いながら仕事をしている人が職場にいないだろうか。あるいは家庭で、母親や妻が「次は洗濯してから掃除しないと！」と、いちいち口に出して家事をしているのを聞いたことがある人も多いだろう。

こういう人は、単につぶやいているわけではなく、じつは、周囲の人に**「自分はこれだけがんばっている」ということを主張したい**のである。

ところが、こういう人には消極的なタイプが多く、実際には自分ががんばっている姿をうまく周囲にアピールできない。そんな自分を不満に思いつつも我慢しているから、本音が独り言になってつい漏れてしまっているのだ。

だから、そういう独り言を耳にしたら、うっとうしく思わずに「大変だね」とか「がんばっているね」と**ねぎらいの言葉をかけてあげるといい**。すると、相手も自分のしていることが認められたと感じて満足するだろう。

# すぐ謝る人は相手を見下している

【評価】
［迷惑度］★★
［警戒度］★★★★

失敗したとわかった瞬間に「申し訳ありませんでした！」とサッと謝ることができる人は、周囲からの評判もいいはずだ。

しかし、よく考えればそれが熟慮のうえの謝罪でないのは明らかだろう。つまり、反射的に「ごめんなさい」と言っているだけのことが多いのだ。

とりあえず謝罪してしまえば、相手の怒りを和らげることができるし、周りからの評価を落とすこともない。そんな合理的な考えで行動できるのだから、いってみれば**かなりしたたかなタイプ**といえる。

しかも、**裏では相手を見下している**ため、「この人とはまともにやりあっても意味がない」と考えている自信家でもある。神妙な態度とは裏腹に、内心は「**はいはい、謝っておけばいいんでしょう**。こっちも忙しいんでね」などと、不届きなことを考えているふしがある。

素直な好青年などと思っていたら、大きな勘違いだったということになりかねない。安易な謝罪に油断は禁物だ。

# 自分の非を認めないのはただの子どもっぽい大人

Devil's psychology techniques

【評価】
［迷惑度］★★★
［警戒度］★★

失敗をした時に素直に謝らずに言い訳ばかりをするのは、その人がただ単に潔いからだけではない。言い訳をする人の中には、**誰かにかばってもらいたい**という**幼児的な部分が残っている**のだ。ひょっとすると、子どもの頃から周囲の大人や兄姉から大事に扱われて、過剰に守られて大きくなってきたのかもしれない。

だから、どんなに自分に非があるとわかっていても「しかしですね」とか「できるだけのことはやったんです」などと、**一生懸命自分で自分をフォローしようとする**のだ。

だが本来、失敗した時にすべきことはそれをすぐに認めて原因を明らかにし、すばやくフォローすることである。ただひたすら自分のせいにされるのを避けるためだけに言い訳を繰り返すのは、ただの子どもっぽい大人なのである。

# グルメ自慢をする人は自分が大好きな隠れナルシスト

【評価】
［迷惑度］★★★
［警戒度］★★

「そばを食べるなら、ひと口目はつゆにつけずに！」とか「今年のボージョレヌーボーはイマイチだな」とか、何かにつけてグルメであることをアピールしてくる人は、**自分のことが大好きなナルシスト的な傾向**がある。

自分には食に対する豊富な知識があって、誰よりも美味しいお店を知っているし、味の違いだってよくわかると自負していて、そんな自分のことが大好きなのである。だから、誰かと一緒に食事する時には、どうしてもグルメ自慢をしてしまうのだ。

肉の焼き方がどうとか、寿司はどのネタから食べればいいかとか、やたらとうるさく言うのでうんざりする人もいるだろう。

だが、このタイプは、場合によっては〝使える〟存在にもなる。飲み会の店選びの時にアドバイスを求めれば、「このお店がオススメだ」とすぐに教えてくれるし、何人かで鍋を囲む時には率先して鍋奉行を引き受けてくれるはずだ。

食事に関することなら**面倒なことでも甲斐甲斐しく働いてくれる**から、多少のウンチクくらいは軽く聞き流しておくといい。

Devil's psychology techniques

# 趣味にハマりすぎる大人は逃避行動に走っている

【評価】
［迷惑度］★★★
［警戒度］★★

大人になっても趣味の世界に没頭できるというのはうらやましい話だ。しかし、仕事や家庭生活に支障が出るほどのめり込んでいる人がいたら危険なサインかもしれない。

ふつうに考えれば趣味に打ち込めるのは、私生活や仕事が充実している証なのだが、**満たされない現実からの逃避行動**である場合がある。

それを見極めるポイントが、**バランス**である。

趣味も仕事も充実していれば問題はないが、趣味に没頭するあまり仕事がおろそかになったり家庭を顧みないことが多くなってきたら、**逃避行動に走る可能性大**だ。

「一緒にどう？」などと誘われて軽い気持ちでつき合うと、思わぬトラブルに巻き込まれるかもしれない。そんな時は、当たり障りなくはぐらかしておくのが無難だろう。

# 略語や隠語を使うのは自分の居場所を守りたいから

【評価】
［迷惑度］★★
［警戒度］★★★

「明日のミーティングだけど、リスケしよう」「ブレストが必要だね」などと略語を多用する人は多い。

リスケはリスケジュール（日程を組み直す）、ブレストはブレインストーミング（チーム内で意見交換する）の略だが、わざわざ略語にしなくてもいい言葉をあえて使うのは、**仲間意識を高め合って自分の居場所を確認したい**という心理の表れだ。

略語や隠語を駆使して話している様子は、ハタから見ると滑稽にも思えてくるのだが、本人はそれが通用する環境に安心しているはずだ。

そんな相手の出鼻をくじこうと思ったら簡単だ。冒頭の会話なら「予定を組み直すんですね?」「打ち合わせが必要ということですね?」と**あえて確認してみよう**。

嬉々として使っていた略語をいちいち言い直されたら、**〝共通言語〟が通じないという不安感**から会話のペースを崩してしまうに違いない。

あくまでも淡々とクールに話していれば、相手のペースに巻き込まれることはないはずだ。

Devil's psychology techniques

# 陰口や噂話が多い人は欲求不満のかたまり

【評価】
［迷惑度］★★★
［警戒度］★★

陰口や噂話ばかりをする人がいると、周囲はあまりいい気がしないものだ。たしかに誰でも多少の噂話には興味があるものだが、それも度を過ぎると人間関係を壊すことになりかねないし、いつかは自分も言われるのではないかと疑心暗鬼になってくるからだ。

にもかかわらず、「あの人がリーダーに抜擢されたのは部長に媚びたからだ」とか「あの2人はこっそりつき合っているみたいだ」とか、噂話や陰口ばかりを言っている人がいたら、それは**欲求不満の表れ**である。

こういう人は自分自身の生活が満たされていないため、**他人の生活がうらやましくてしかたがない**。がんばっているのに誰もほめてくれないという不満や、自分と比べて楽しそうな生活をしている人への羨望、自分にはない能力を持っている人への嫉妬など、内心ではかなりの不平不満が鬱積しているのだ。

そういうドロドロとした感情が陰口や噂話という形になって排出されているので、**手の施しようがない**。本人が満足して幸せな生活を手に入れない限りは、他人の噂話をやめることができないのである。

# 電車の中で化粧をする女は狭い人間関係の中で生きている

【評価】
［迷惑度］★★★★
［警戒度］★★★

どんなに車内が混んでいようとも、電車に乗り込んで自分の席を確保するや、化粧ポーチを取り出してメイクをスタート。電車を降りる頃にはすっかり別人の顔になっている〝電車の中の化粧女〟は、どんなに社会から非難されようともいまだ絶滅する気配はない。

化粧によって出来上がっていく顔を平気で人目にさらせるのは、ひと言でいえば**社会性のない証拠**だ。さらにいえば、自分の生活テリトリーの中にいる親や友人、恋人のことは人として認識しているが、**見ず知らずの乗客は人と思っていない**。いわば、見ず知らずの人間など、自宅の洗面台に置いてあるティッシュやせっけん、タオルなどのモノと一緒だと思っているのである。だから、自分が公衆の面前でメイクしていることを周囲の人が不快に思っているなどとは微塵も感じない。人前で化粧をするのはみっともないと注意したところで、「意味がわからない」と返されるのがオチだろう。

このタイプは、初対面の相手とはうまく会話ができないし、ましてや豊かな人間関係を築いていくなどという発想は毛頭ない。**今までの狭い人間関係だけで人生を終えていく気の毒な人**と思えば、化粧女を咎《とが》める気持ちが抑えられるかもしれない。

Devil's psychology techniques

# 気の弱い人ほど人に食ってかかる

【評価】
［迷惑度］★★★★
［警戒度］★★★★

すぐに相手に食ってかかり、必要以上に攻撃的になる人は一見すると気の強い人のように思えるが、本質的にはとても気の弱い人であることが多い。いってみれば、**弱い犬ほどよく吠える**というわけだ。

少しでも批判されたりするとそれが許せずに、「そういうあなたのほうが、こんなに悪い！」と、反論する間を与えないほどヒステリックに自分の主張をまくしたててくる。ここまで過剰に攻撃的な反応をするのは、**自分の弱さを隠したいという防御本能**がそうさせるのだ。

反対に、本当に強い人は人間としての器も大きいので、多少の批判には動じない。小さなことで相手にいちいち食ってかかったりしないから、そのうち人格者として一目置かれるようになるのである。

# すぐ同意する人は　あっさり意見を変える人

【評価】
［迷惑度］★★★
［警戒度］★★★★

会議をしていると、参加者それぞれの性格がじつによく見えてくるものだ。自分の意見に固執して一歩も譲らない人もいれば、曖昧な意思表示しかしない人、リスクばかりを心配して否定的な意見ばかりを言う社員もいる。

こういう会議をとりまとめるのはひと苦労だが、スムースに議題を進ませたいなら、参加者の中で簡単に「イエス」と言う人を警戒しておいたほうがいい。

どんな意見にも「いいですね！　私もずっとそういうプランを考えていました」と、すぐに賛同してくる人は、ただの**日和見主義**の可能性が高いからだ。

**その場の形勢を見て有利なほうにつきたいだけ**なので、状況が変わったとたんに「やっぱり、最初からこのプランは無理だと思っていました」などと、一転してしまうのである。

一方、味方につけるなら否定的な意見から述べる人がいい。このタイプは丁寧に説得して「イエス」と言わせることができれば、あとになって意見を覆すことはない。心強い味方になってくれるはずだ。

# 時系列で話す人は他人の評価を気にするタイプ

【評価】
［迷惑度］★★★
［警戒度］★★★

話の一から十までを起こった順に「まず先方がこう言って、次にこうなって……」と、延々と時系列で話す人がいる。こういう人は他人の評価を気にするタイプに多い。

というのも、そういうふうに**丁寧に話すことが相手にとって親切だと考えている**からだ。そうすることで相手は喜んでくれるし、自分の評価も上がると思い込んでいるのである。

ところが、結論を先に聞きたい相手からすると「回りくどくて、話が長い！」となり、逆に評価は下がってしまう。そのため、よけいに評価を上げようと必死になって、さらに話がくどくなってしまうのである。

こんな人と話す時は、「このあと用事があって、あまり時間がない」などと、**先にタイムリミットを提示するといい**。そうすれば、できるだけかいつまんで話す努力をしてくれるかもしれない。

あるいは、話の途中で「なるほど！　それで、最終的にはどうなったの？」と、**興味あるようにみせながら結論へと誘導**すれば、プライドを傷つけずに話を短縮することができる。

# いつも同じメンバーでしか遊ばない人は用心深い

【評価】
［迷惑度］★★
［警戒度］★★★

年齢を重ねてくると、「○○したら失敗する」とか「あまり冒険しすぎると痛い目に遭う」などと、今まで自ら経験したことが反面教師としてよみがえってくることがある。

そうすると、昔なら臆せずに挑戦していた新しいことにも「失敗すると嫌だからやめておこう」といって、尻込みするようになってくるものだ。

これは人間関係でも同じことで、いつも同じメンバーでしか遊ばない人はかなり用心深くなっているといえる。

新しいつき合いが増えれば、その分、**嫌な思い**をしたり**トラブルに巻き込まれる可能性**も増える。今までにそういう苦い経験をしたことから、「このメンバーなら気心も知れているし、安心して遊べる」という人としかつき合わなくなっているのである。

こういう人は、人間関係にひどく慎重になっているので、初対面の人に対して心を開くまでに時間がかかる。仲良くなりたいと思うのなら、**焦らず時間をかけて信頼を得ていく**ことだ。

Devil's psychology techniques

# 世話焼きが過ぎる人はストーカーに豹変する？

【評価】
［迷惑度］★★★
［警戒度］★★★

子どもの頃、戦隊物などのヒーローに憧れて登場人物になりきって遊んだ経験がある人は多いだろう。心理学では**「同一視」**と呼ばれる行為なのだが、他者と自分を区別することができず、それと似た存在になろうとするのだ。子どもの遊びなら問題ないのだが、大人になってもこの傾向がある人は問題を抱えていることがある。

特にやたらと世話を焼いてくる人や、私生活に介入してくる人にはこのタイプが多い。**自分の人生と相手の人生を重ねてしまい、のめり込んでしまう**のである。

おせっかいという程度なら害はないが、現状から逃避するための行為だとしたらかなり危険だ。その行動がエスカレートしてストーカーに豹変してしまうこともある。ヤバイと感じたら一線を引いたほうがいいだろう。

# ペン回しがやめられない人は欲望を抑えている

Devil's psychology techniques

【評価】
［迷惑度］★★
［警戒度］★★★

手に持ったペンを親指のまわりで1回転させるペン回し。その筋の達人になると、さらに高度なワザを持っているというが、とにかくこれが始まると延々と終わりがない。

人の話を聞きながら、何かを考えながら、話しながらでもクルッ、クルッ、クルッ……。見ているほうは、もういい加減にしろと言いたくなるものだ。

ペン回しをする人は、なぜペン回しをやめないのか。そもそも、ペン回しとはいったい何なのだろうか。心理学者のフロイトによると、**ペンは男性性器を象徴するもののひとつ**で、それをもてあそんでいるのは**〝自慰行為〟と同じ**だというのだ。

本来ならばペンなんか回しているより自分自身を慰めるべきなのだろう。だが、そういうことは〝やってはいけないこと〟という家庭で育ったせいなのか、どうしてもその欲求を抑制してしまうのだ。ようするに、ひたすらペンを回すことでその**欲望を抑え込もうとしている**のである。

しかし、ペン回しで欲望が満たされるはずもない。いつか暴走してしまう可能性がないとも限らないので、女性はあまり近寄らないほうが身のためである。

# 愛車を〝土禁〟にする男は生身の女性を怖がっている？

【評価】
［迷惑度］★★
［警戒度］★★★

車を愛してやまない人というのは女性よりも断然、男性に多い。

そうなると愛車は宝物というよりも恋人以上の存在で、自分を満足させてくれる大切な存在であり、けっして汚してはいけないものとなる。もちろん汚れた靴で乗るなどもってのほかで、彼女であっても「土足禁止」は厳守されるべきものとなる。

車を〝土禁〟にする男性は、なぜここまで深い思い入れを持ってしまうのだろうか。

それは、**生身の女性に対して恐れを抱いているから**だ。たとえば厳格な家庭に育ち、幼い頃から女性にイヤラシイ感情を抱くのは〝悪〟という認識を植えつけられて育ったりすると、女性を性の対象として見ることを罪深いことだと思ってしまう。

絶対的な親の言いつけに従って欲望を抑えつけてきた結果、性愛の対象がそのまま体温も感情もない機械になってしまうのだ。心理学的にみると、**中が空洞である車は女性器の象徴**でもある。

そこに土足で上がるというのは、**自分の愛する人が穢《けが》されたも同然**なのだ。

何も知らずに靴のまま車に乗り込んでしまったガールフレンドにも激怒するようなら、間違いなく機械フェチだろう。一般的な恋愛を望むなら、つき合いはやめておいたほうが無難である。

# 弱いものイジメをする人は気が小さい

【評価】
［迷惑度］★★★
［警戒度］★★★

自分よりも立場の弱い人には高圧的な物言いをしたり、攻撃的な態度をとる。こういう困った人は、じつはかなり気が小さかったりするものだ。

たとえば、いつもガミガミと怒る上司を腹立たしく思っているのだが、相手が目上だから直接抗議できないとか、厳格な親にいつまでも支配されていて自分の思い通りにならなくてストレスを抱えていたりする。

つまり、**本来はそのイライラをぶつけるべき相手が自分よりも強い存在なので、心に溜めこんでいることが言えない**のである。だから、自分よりも弱いものに不満をぶつけて憂さ晴らしをしているのだ。

このように、**怒りが対象以外に向けられる**ことを心理学では**「置き換え」**というのだが、置き換えられてしまったほうにしてみれば、これほど理不尽なことはない。ストレス発散の標的になることはないのだ。

こんな相手には、大勢が見ている前で堂々と本人に抗議してみるべきだ。

「こちらに非がないのに当たり散らすのはやめていただきたい」

「ただ単にダメ出しするのではなく、建設的な意見を聞きたい」

「私が間違っているとおっしゃるのなら、きちんと説明していただきたい」

自分より下に見ている相手から、こんなことを正面切って言われたら、ますます頭に血がのぼって**ついにはキレてしまうかもしれない**。

しかし、それも**作戦のうち**である。多くの人の目があるところで、それくらいの失態をさらせばようやく目が覚めるはずだ。

いつもネチネチと弱い者をいじめてストレスを小出しにしているので、**一度感情を爆発させれば本人もスッキリする**。

それくらいの荒療治をすれば、ようやく自分のやってきたことを冷静に考えられるようになるだろう。

# 言葉を濁すのは無責任な人

Devil's psychology techniques

【評価】
［迷惑度］★★
［警戒度］★★★

何でも気持ちいいくらいにはっきり言う人もいれば、曖昧な表現でお茶を濁す人もいる。何かを決めなければならない時に、後者が相手だと話がいっこうに進まないという経験があるのではないだろうか。

こうしようとか、こうやってほしいなどという意思をはっきりと告げずに「やってくれれば助かるんだけど……」とか「コレがいいような気もするし……」とボカしたような言い回しになるのは、**決定権を相手にゆだねて責任を回避したい心理の表れ**でもあるのだ。

こんな人と何かを決める時は、勝手に責任を押しつけられないように注意する必要がある。いつの間にかまるでこちらが言い出したように話を創作されてしまうことがあるからだ。

「○○さんが言いたいのは、つまりこういうことですね」とはっきりと指摘したうえで、**常に責任の所在を明らかにしておこう**。

# 無表情で神経質な人はマイルールの中で生きている

【評価】
［迷惑度］★★
［警戒度］★★★

何を考えているのかわからない無表情な人というのはつき合いにくい印象があるが、実際につき合ってみると「やっぱり……」と合点がいくはずである。

なぜなら、**無表情な人には神経質な人が多い**からで、これは単なるイメージではなく、アメリカのある大学での実験で検証されている。

細かい部分に気がつくというのはある意味長所ではあるが、それも度が過ぎて、他人に対して口うるさく言うようならただの神経質である。

神経質な人はすぐに怒る。モノの片づけ方からドアの開け閉め、ハンコの押し方まで**自分なりに正しいと思っているルール**があり、人がそれ以外のやり方ですることが許せない。だから、いつもイライラしているのだ。

ふだんから細かなことにイライラしているものだから、心の中には**いつも怒りの種を抱えている**。たとえうれしいことがあっても表情に出さず、ちょっと頬を持ち上げる程度で破顔一笑などまず拝めるはずもない。あまり深くつき合うとこっちの神経が磨り減ってしまうので、ほどほどのつき合いが一番である。

相手も自分も丸裸にする

# 禁断の心理テスト No.16

## Q. 無意識によく触っている体の部分はどこ？

A．頭

B．顔

C．肩

D．腕

E．胸やお腹

F．腰やひざ

**★診断★**

このテストでわかるのは…

## あの人の隠された今の気持ち

**……Aを選んだ人は……**

「申し訳ない」と思っている。

**……Bを選んだ人は……**

目の前の相手を不快だと思っている。

**……Cを選んだ人は……**

気分を変えたい、解放されたいと思っている。

**……Dを選んだ人は……**

その場で話をしている相手を批判的に思っている。

**……Eを選んだ人は……**

周りから注目を集めたいと思っている。

**……Fを選んだ人は……**

人に認められたいという気持ちが強い。

相手も自分も丸裸にする

# 禁断の心理テスト No.17

## Q. よく夢に出てくるのは？

A. 浴室
B. 警察官
C. 病院
D. 泥棒
E. 何かを洗っている
F. 食べている

★診断★
このテストでわかるのは…

## あの人の隠された欲求

**……Aを選んだ人は……**
自分を悩ませるものを排除したい。

**……Bを選んだ人は……**
自分や他人の衝動的な感情から守ってもらいたい。

**……Cを選んだ人は……**
不安から逃れたい。

**……Dを選んだ人は……**
子どもの頃のように甘やかされたい。

**……Eを選んだ人は……**
罪を許されたい。

**……Fを選んだ人は……**
愛が欲しい。

相手も自分も丸裸にする

# 禁断の心理テスト No.18

## Q. 形の違うイスが３脚あります。1つ選ぶとしたらどれ？

A. 折り畳みのパイプイス

B. 背もたれのない木のスツール

C. 肘掛けつきの汚れたイス

**★診断★**

このテストでわかるのは…

## あの人の集団の中でのポジション

**……Aを選んだ人は……**

**ムードメーカー**

この人がグループ内にいるだけで場が盛り上がるので宴会には欠かせないが、お調子者の一面も。

**……Bを選んだ人は……**

**陰のリーダー**

ふだんはたいして目立たないが、いざという時に頼りになるタイプ。

**……Cを選んだ人は……**

**曖昧なことが嫌いな仕切り屋**

みんなの意見がバラバラだと、ついまとめたくなる学級委員長のような存在。

## 【主な参考文献】

『心を透視する技術』（伊達一啓／日本文芸社）、『「他人が読める」と面白い』（渋谷昌三／新講社）、『嫌いなあの人を味方に変える12の方法』（久保俊博／かんき出版）、『心を上手に透視する方法』（トルステン・ハーフェナー著、福原美穂子訳／サンマーク出版）、『心理分析があなたにもできる本』（心の謎を探る会編／河出書房新社）、『対人関係で度胸をつける技術』（渋谷昌三／PHP研究所）、『他人を動かす質問』（内藤誼人／大和書房）、『ワルの知恵本』（門昌央と人生の達人研究会編／河出書房新社）、『相手を自在に操るブラック心理術』（神岡真司／日本文芸社）、『いるいる！大事典』（富田たかし／しょういん）、『カリスマ　人を動かす12の方法』（石井裕之／三笠書房）、『世界は感情で動く　行動経済学からみる脳のトラップ』（マッテオ・モッテルリーニ著、泉典子訳／紀伊國屋書店）、『手にとるように心理学がわかる本』（渋谷昌三・小野寺敦子／かんき出版）、『嫌な人とうまくつきあう心理学』（齊藤勇／河出書房新社）、『「説得上手」の科学』（内藤誼人／日本経済新聞社）、『知識ゼロからのビジネス心理術』（匠英一／幻冬舎）、『90秒で好かれる技術』（ニコラス・ブースマン著、中西真雄美訳／ディスカヴァー・トゥエンティワン）、『またまたワルの知恵本』（人生の達人研究会編／河出書房新社）、『イラッとくる人　不機嫌な人間関係を変える心理学』（渋谷昌三／PHP研究所）、『口説く技術』（内藤誼人／ソフトバンククリエイティブ）、『「できる人」の話し方&コミュニケーション術』（箱田忠昭／フォレスト出版）、『「人たらし」のブラック心理術』（内藤誼人／大和書房）、『怖いくらい人を動かせる心理トリック』（樺旦純／三笠書房）、ほか

相手を意のままに操る　**禁断の心理術**

平成27年2月23日第一刷

編者　心理の達人研究会

製作　新井イッセー事務所

イラスト　宮崎絵美子

発行人　山田有司

発行所　株式会社彩図社
東京都豊島区南大塚3-24-4
ＭＴビル〒170-0005
TEL：03-5985-8213FAX：03-5985-8224

印刷所　新灯印刷株式会社

URL：http://www.saiz.co.jp
http://saiz.co.jp/k（携帯）→


ISBN978-4-8013-0048-4 C0011